鴻運知識科技出版

辦公設計

快易通

陳冠宇◎著

目錄

第二篇　影響財祿的辦公室大門

第三篇　玄關與櫃台設計

第四篇　主管辦公室的擇定與設計

第五篇　個人的辦公區佈置

推薦序

隨著社會經濟型態的變遷，現代人的就業模式和過去有了很大的差異，由於近年來整個世界經濟都處於一股低迷不振的氣氛當中，再加上中東地區戰亂不斷、全球氣候異常，致使油價、物價持續飆漲，讓許多先進國家的經濟成長指標呈現下滑跡象，就連經濟大國美、日、歐洲等國家，也都難以倖免於難。

雖然台灣是一個以中小型企業為主體的國家，在這波世界經濟大蕭條的洪流當中，也受到了嚴重的波及，再加上國內政經情勢不明，政黨惡鬥導致政策綱紀大亂，不但國內的傳統產業紛紛外移大陸或東南亞，連最引以為傲的電子新興科技產業也有持續出走的現象，在各種不利的因素匯集之下，讓國內的就業市場大亂，台灣每年持續不斷地造就出數萬名「高學歷」的就業人口，但諷刺的是，就業機會卻一天比一天少，讓這些剛畢業的社會新鮮人一畢業就必須面臨失業的窘境。

儘管外在大環境存在著一些令人無法抗拒的不利因素，但是日子終歸還是要過，台灣人特有的堅毅性格在這樣的環境中特別容易彰顯，因為我們總是相信，就算再差的行業，其中也有賺錢的人，相反的，看似能夠賺大錢的生意，也有不少人為此傾家蕩產，所以總歸一句話：「事在人為」。

台灣在近十幾年來，市場中流行著小資本創業的風潮，許多人找不到理想的工作，或是因為公司經營不善面臨中年失業的危機，於是有些人就想開店做生意，也有人投資開公司，千萬不要小看了這些「小生意」，目前國內許多身價數十億的電子新貴，就是從當時一群創業人潮中脫穎而出的精英！或許讀者會問，這些人成功的關鍵在什麼地方？是經營的頭腦？還是獨到的投資眼光？每個人都有其成功的秘訣，但一個能成大功、立大業的人，其成功因素絕對不會是那個單純的，想想看，除了這些少數成功者以外，還有多少比他們優秀的精英份子在這場嚴苛的競爭當中遭到淘汰？

為什麼成功者總是少數？因為這些人佔盡了天時、地利、人和等各項條件，在因緣際會之下，這些人得以功成名就、財利雙收，換言之，只要多一項有利的條件，就能幫助您多創造出一分成功的本錢。

「風水」是匯集了千年來中國老祖宗的智慧所產生的特有學問，因為它的深奧，讓深信科學的現代人一度將它棄之如蔽屣，所幸在有心人士的努力推廣與傳承之下，才讓這門學問普遍獲得社會大眾的認同。至於企業跟風水有什麼關聯？根據一項統計調查，國內有八成以上的企業經營者相信風水會對其所經營的事業有所幫助，其中屬於大型的企業集團幾乎家家都有專屬的風水顧問，而且越是成功的企業就越相信風水之說，近年來連外國企業也開始注意到中國風水的奧妙，甚至有歐洲某知名跨國電器公司，每年還會編列為數不少的「風水顧問費」聘請風水師為其作規劃，看了這項數據，你還能說風水跟企業經營沒有關係嗎？

風水大師陳冠宇從事風水堪輿工作三十餘年，曾擔任過國內外無數知名大企業的風水顧問，由此便可看出風水對於企業的重要性，並不亞於企業本身的整體經營，好的風水不但對公司或企業具有加分效果，更甚者還能影響其興旺與衰敗。為此，本社繼《陽宅風水不求人》與《居家設計快易通》獲得各界好評與熱烈支持之後，再推出「開運陽宅系列叢書」第四部《辦公設計快易通》，針對有意自行創業的朋友們，提供完整且中肯的規劃建議；當然，對於另一群已經開始營運的公司企業，本書的內容也完全符合您的需求，您可以依照本書的意見逐條檢視自己的公司佈局，然後做最妥善的修正，必可幫助您達到趨吉避凶、興旺招財的效果，精采內容絕對值得一看！

作者序

陽宅是人類所居住的空間場所，此空間的一切與人的一生有極大的關係，包括人的財富興旺、衰敗、家宅人口的興衰凋零、事業的成功與失敗、子女與長輩的親疏關係、每個人的身體健康狀況、夫妻的和諧關係等等，一切的一切都與陽宅有密不可分的關係存在。

有些讀者或許會問，為什麼一間辦公室、一棟辦公大樓就能夠影響整個企業體的興衰？從古到今，陽宅的空間除了作為人們遮風避雨的場所以外，它還包括了與個人思維情緒的對應關係，它能左右一個人的判斷、影響一個人思考模式，相對的，它就會對一個人的事業成敗有決定性的關鍵影響力；舉凡任何的小公司、小店面，甚至大到一個跨國組織的企業體，他們所使用的辦公室空間，其環境、方位、擺設、裝潢佈置等等，都攸關事業體的成敗。不用說一般市井小民，就連帝王將相之旺衰也是由陽宅所孕育而成、由祖先風水的承氣而生，上自一個國家的興盛、下到人民百姓的安樂，莫不由宅體的吉凶禍福造化而成，由此可想見陽宅風水的重要性。

「開運陽宅系列叢書」是筆者將陽宅風水相關理論重新分類整理，根據讀者的實際需求所編撰而成，從陽宅的風水環境鑑定、陽宅的選擇、居家的規劃設計等等，一步一步有系統的引領大家深入風水學的奧秘之中，在接下來的著述中，還會針對每一種不同類型的陽宅作更清楚的闡述與分析，請大家不吝指教。

風水的理論雖然是一種普遍法則，當然適用於各類型的陽宅，但是各種陽宅卻會因為用途之差異，產生不同的結果。舉例來說，每一雙鞋子都是穿在腳上用來保護腳部的，因此在挑選鞋子的時候，最重要的就是要穿得合腳、舒適，這一點是基本道理，沒有人會有異議；但是每一種鞋子卻會因為使用的功能性不同而產生截然不同的設計，也就是說，不論是球鞋、慢跑鞋、皮鞋、涼鞋、雨鞋、拖鞋都叫做鞋，我們必須根據自己的需求選擇最合適的一雙鞋，才能真正達到保護腳部的目的，陽宅的道理其實也是相同的。

一般我們在討論風水的時候，通常都會簡單將風水區分為「陽宅」與「陰宅」兩種，但是針對陽宅學而言，其分類就複雜得多，住家、店面、辦公室都稱作陽宅，雖然大體上原理都是相同的，譬如：有好的外環境、沒有沖煞、房子格局方正、地點良好等等，作為任何用途都應該不錯，但在選擇的時候就必須根據房子的使用目的而有不同的考量，換言之，適合當店面的房子不一定就適合住人、反之，適合當住家的房子也不一定就適合當店面，因此你可能聽過許多老師都會建議您「住商分離」，住家歸住家、店面歸店面，最好不要直接就住在店裡，就是這個道理。

由於本書的重點是在辦公室的選擇、設計與規劃方面，有關陽宅風水的基本原理部分，筆者在不同著述中已有詳細之介紹，因此不在本書做太詳細的說明，有興趣的讀者不妨參考之。關於辦公室的規劃設計部份，則有深入完整的剖析，如果您想自行創業，正在為如何規劃一間完美的辦公室而苦惱，亦或是您想檢視一下自己目前所使用的辦公室是否潛在著任何不好的風水問題時，本書都是您最佳的參考教材，若您需要更近一步詳細的規劃，也隨時歡迎諸位提出您的需求，讓筆者提供您最完整的建議。

第一篇

如何挑選理想的辦公室

◎從外在環境來判斷

◎從建築外觀及格局來判斷

◎從使用面積來判斷

◎從辦公大樓的色系來判斷

◎建築設計的省思

壹、從外在環境來判斷

近年來房價高漲，除了一般住宅以外，連商辦大樓也加入飆漲的行列，放眼每個熱鬧的都會中心，一定到處都是高聳的辦公大樓，如何為自己的公司挑選到一間能夠發富貴、賺大錢的辦公室？箇中學問還真不少。挑選好的辦公室和挑選好的住宅其實道理八九不離十，不過兩者因為使用的目的不同，在挑選上仍然有些差異。

首先要談的是辦公室的外環境，一般來說，外局比內局重要，外局如果條件不佳亦或有沖煞的情形，內局再完美效果也有限。尋找辦公室還要考量到自己的經營項目及行業別，以北市為例，如果常跟公家機關做生意則選擇中正區，貿易公司則可以找信義區，依此類推。其他還有什麼是在選擇辦公室時必須要特別注意的呢？提供以下幾個重點：

一、辦公大樓的四週不要有路沖、巷沖的情形

所謂路沖或巷沖，就是辦公室的外圍有馬路或巷弄直沖而來，有些人會誤解只有大門正前方直衝而來的道路才叫路沖，其實不然，不論四面八方，只要是對著辦公室而來的馬路都是路沖，從不同角度而來的路沖都會有不同的對應，但只要有路沖就是不好的，所以在審視辦公室的時候，一定要繞著辦公室所在的建築走一圈，就能發現有無路沖的情形。

路沖的影響範圍有多大？若是整

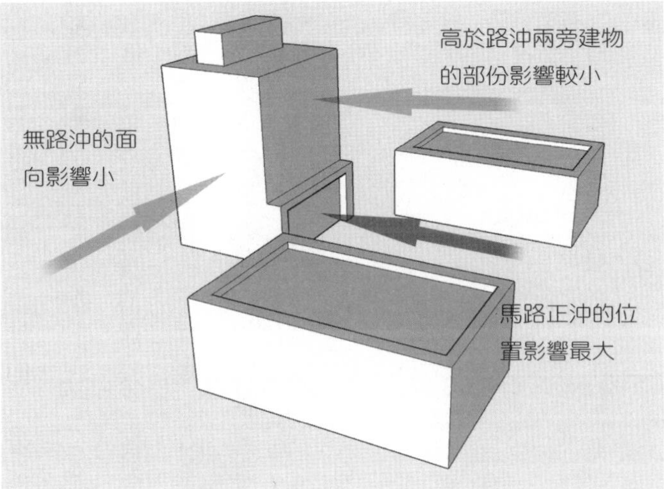
高於路沖兩旁建物
的部份影響較小
無路沖的面
向影響小
馬路正沖的位
置影響最大

棟大樓同屬於一家公司所使用，則對這家公司的影響屬於全面性的，若是屬於分租的辦公大樓，受到衝擊最大的是路沖正對的公司，對於位在其他面向的公司則影響較小，至於不同樓層的影響，位於低樓層的辦公室當然影響最大，位於高樓層的辦公室則要看路沖兩旁的建築物高度而定，如果路沖兩旁的建築物只有四層樓的高度而你的辦公室位在八樓，對你的影響就不大，若是在五樓以下的話，可就要特別注意了。

二、辦公大樓四週不要有壁刀煞、天斬煞或屋角煞

當建築物與建築物之間不是完全的切齊，而是錯開有一段距離的時候，對面的建築物牆面就會引導環境中的氣流沖射到自己所在的建築物，這種情形叫做壁刀煞，壁刀煞在現代都市中比比皆是，辦公室外若有壁刀煞的情形，會讓公司對外的關係變得很複雜，官司訴訟、內部人員的鬥爭不斷，團隊精神也非常差，業績絕對不會好。

天斬煞有點類似路沖，它是兩棟距離非常接近的建築物中間所形成的狹小縫隙，這個縫隙如果越狹小，其導風的力量就越強

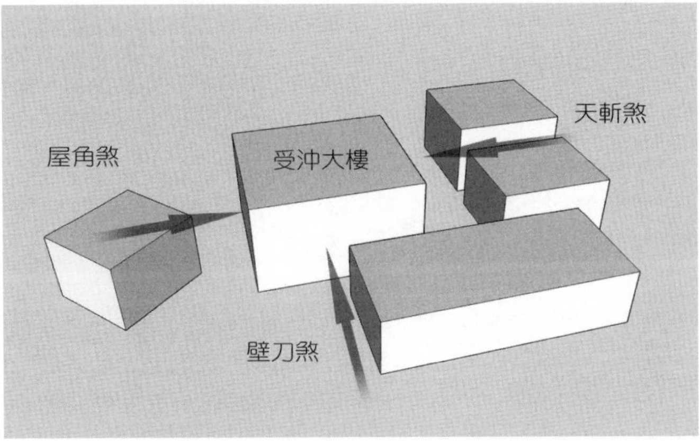

大，如同刀鋒一般，越是細薄則刀越鋒利。天斬煞殺傷力極大，在風水學上視為極煞，故有天斬煞的大樓建議不宜作為辦公室使用。

當你站在辦公室當中往四週看，若看得到它棟建築物的屋角正對著你的時候，就表示你的辦公室犯到屋角煞，有屋角煞的辦公室到了該流年方位，就會引起嚴重的意外狀況，同樣也不適合當作辦公室使用。

三、辦公室避免位在馬路反弓面

若馬路不是筆直而是呈現弧狀的彎曲，馬路的兩側就會產生所謂的彎抱面(位在馬路圓弧內的這一面，如下圖左邊)與反弓面(位在馬路圓弧外的這一面，如下圖右邊)，在彎抱面房子容易聚財發富貴，拿來當作辦公室使用最理想不過，相反地，在反弓面的辦公室則容易破財，也容易有意外血光之災。

除了看馬路前後有無彎曲以外，還要看馬路左右兩側的高度，一條馬路的左右兩面其高度很難完全相同，必定有左高右低、

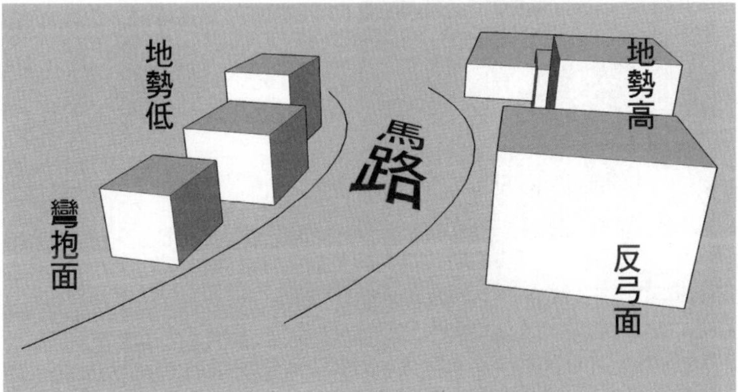

或右高左低之情形，如果這間房子是要用來當作辦公室使用，那我們在選擇的時候就要以較低的這一邊為用(如前頁圖例的左邊)，因為水都是往較低這一邊傾洩，所以不論是人潮或者錢潮也都會自然而然的往較低的這一面流動，賺錢的機會就會比較多。

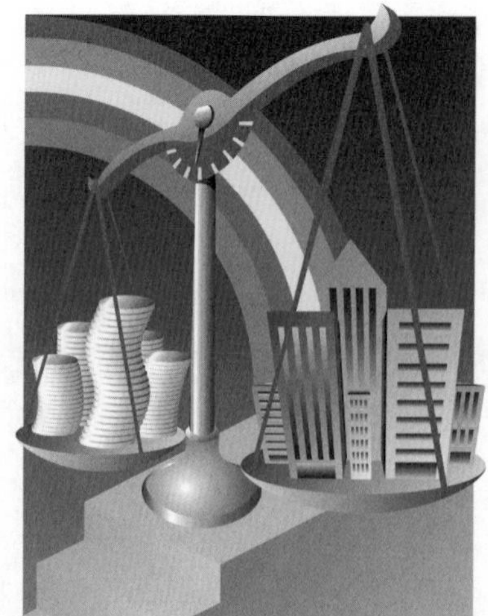

四、辦公室喜愛前有明堂、後有靠山

明堂是建築物的納氣空間，明堂只要寬闊，房子的氣就會旺，所以辦公室前方若有寬平的視野，代表公司的前景光明，主事者有遠見、處事圓融且具有雄心壯志，事業能有無量的前途，生意也會特別的旺，換言之，位在狹小擁擠環境中的辦公室就難有大的突破。

建築物的後方則要有更大、更高的其他建築物當成後靠山，後面有靠山風就不會直射入宅，也代表設在這棟建築裡的公司後面易有貴

辦公室前方喜歡有寬闊的明堂

人相助，能夠接到好訂單，事業發展穩固，不會有後顧之憂。

辦公室就算沒有後靠，也千萬不能夠背水，建築物後方有水流，代表財源不穩定，錢財由前面進來，立刻就會從後面流失，所以絕對是破財的格局。

五、辦公大樓四週要注意有高架橋及捷運

都市裡常見到高架路橋或高架捷運，這會阻隔建築物原本的環境視野，也會讓原本順暢的氣場受到干擾，甚至連採光和通風都會有影響，若是辦公室與高架橋的橋墩或橋面相對時，危害更為嚴重，除了噪音和空氣的影響，若橋面成弧狀通過建築物前，就形成鐮刀煞，殺傷力特別強。

若一定要選在高架橋旁的大樓中設立辦公室不可，建議儘量避開與橋面高度相等的樓層，而且離越遠越好，一般在五樓以上則影響便可以減到最低。

六、辦公大樓不能孤高，也不能獨矮

比四周房子高出太多的大樓雖然乍看之下十分有氣勢，但因為沒有後靠的關係，會給人一種孤獨無依的感覺，大樓四周的房子高度都很低，也無法對它產生任何屏障的作用，當然也就無法藏風聚氣，主四週貴人不明，內部爭權，這是因位在內部的人會有極度的不安全感所導致，若是在這種孤高的大樓裡設立辦公室，也容易有洩財的情形。

如果情況正好相反，本身的建築物低矮而四周都被高樓大廈所包圍，那麼

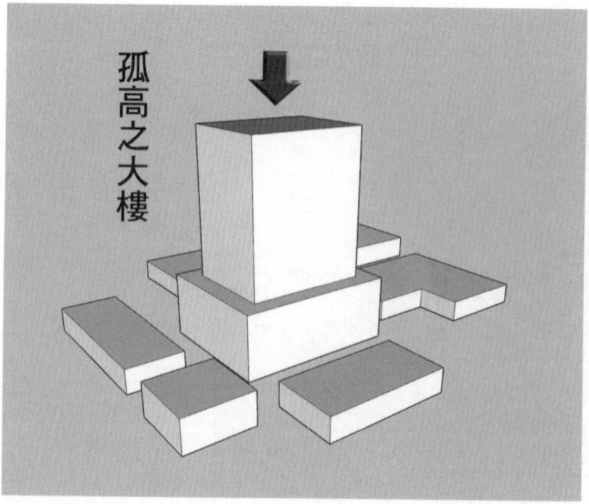

建築物本身的氣勢就會被其他高樓完全搶走，在這裡設立辦公室代表行運必定會受到外在的壓制，事業和財富都難以突破。如果是單排的房子，也不要選在左右兩邊大樓都比自己高很多的矮房子中設立辦公室，所以理想的選擇，應該是找與四週建築物不會落差太大的大樓為用。

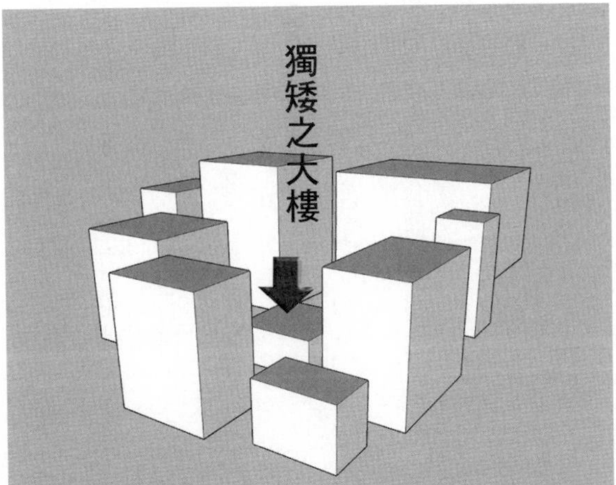

七、辦公室不要設在外觀破損、屋齡老舊的大樓

房子的外觀就像人的外表一樣，所謂佛要金裝、人要衣裝，房子的外觀也會影響到本身的吉凶，如果發現房子牆壁有龜裂的情形，在風水學中論斷為病痛之宅，若拿來當辦公室使用，在整體營運上容易出現人事方面的問題。另外屋齡太老舊的房子也有同樣問題，多半會有磁磚剝落、腐蝕、水泥剝落、蟲蛀、漏水、壁癌、管線老舊等狀況，若是遇到強震會有崩塌的顧慮，再說老舊的房子氣場也較弱、聚氣不易，氣場弱又不易聚氣，如何能夠幫助在這裡設立辦公室的公司興旺呢？

有些公司為了貪圖便宜的租金或售價而找上這種老舊的房子，除非從裡到外徹底的作一番大整修，否則不建議將辦公室設在此處。

八、辦公室的地點不要選在太偏僻的地方

近年來的商業不動產十分火熱，市中心的辦公大樓租金不斷節節高漲，有些企業為了節省開銷，乾脆到較偏遠的郊區設立辦公室，這樣雖然可以省下不少花費，但是辦公室的性質與工廠不同，除了風水考量以外，還要考慮到商業活動的便利性，工廠只要負責生產，移往郊區可以減輕企業負擔，但是辦公室負責的是商務往來及聯絡溝通，能夠縮短企業與企業、企業與客戶之間的距離是最理想的，所以商務辦公室一般都有磁吸效應，會聚集在某個交通便利、往來快速的都會中心，如果將辦公室移到太偏僻的地方，就商業競爭的角度來看就顯得弱勢許多，因此該投資的還是要投資，切勿顧此失彼，除非你是屬於大集團的辦公大樓，你的生意是人家來求你，而不是你去求人家的行業。

九、辦公大樓不能在岔路口

如果馬路在房子正前方分岔形成夾角，也就是俗稱的岔路口，地基呈現三角狀，這樣的地形會形成很嚴重的沖煞，且位於岔路口的房子多半也都呈三角形或不規則狀，對辦公室而言是很不利的，應該儘量避免。

三岔路口之地基，有時也會呈現倒三角之形體，倒三角則地基為前寬後尖之現象，三角形在五形體裡論之為火星，若建物之後方為尖尾之地基，則此地基論之為火星拖尾，流年到房子的方向磁場，易有火災或散財之現象，辦公室設立在這裡也是非常不理想。

十、左右龍虎

在選擇辦公大樓的時候，必須要看是否有左右龍虎凸出拱護的現象，陽宅左邊一方為左青龍，右邊一方為右白虎，要特別注意右邊的房子是否高出左邊房子的距離太多，青龍高起則無妨，大樓兩側如果右邊比左邊高，會產生白虎抬頭，將會帶給你整個運勢消沉，不宜當作辦公大樓使用。

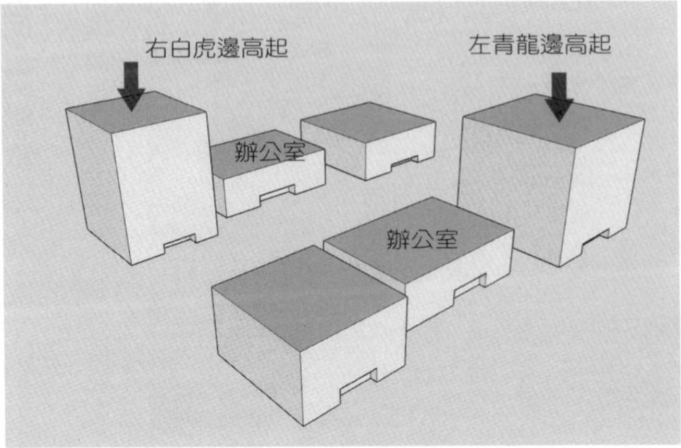

十一、辦公大樓附近不喜歡有煙囪，電線桿，高壓電塔

風水學強調的是氣場的流動，只要房子四週的氣場平穩旺盛，房子的氣就會很旺，若是房子的四週出現不規則狀的凸出物，像是門口正對電線桿、燈桿、大樹，或是房子緊靠大煙囪、高壓電塔等等，這些東西對於房子所產生的影響雖然各有不同，但都是不好的，並且這些東西出現在房子四週，會擾亂周圍的氣場，造成宅氣不穩定，所以辦公室四週不喜歡有這些東西出現。

十二、適合的大小

找辦公室的時候，最好是找與自己公司規模相當的辦公室，員工多就找大一點的，員工少就找小一點的，若是員工少卻找了一間超大的辦公室來使用，屋大人少的情形在風水學裡稱之為「虛宅」，這樣的辦公室主宅氣不易興旺，生意當然不佳。

從心理學的觀點來看，客戶進到一間大辦公室，卻只看到小貓兩三隻，一定會心生懷疑，認為公司一定有問題。屋小人多還可以，代表人氣很旺，但是為了工作的便利性，還是換一間較大的辦公室為用比較妥當。

貳、從建築外觀及格局來判斷

辦公室的選擇和個人工作室的選擇是一樣的，想要選擇一個能夠使公司的營業狀況一帆風順、事業飛黃騰達的辦公室，除了外在環境以外，大樓的外型也是必須優先考量的重要因素，因為大樓外型之形體足以影響公司內部運作的一切心態。辦公室適用的面積格局也足以影響整個公司的體制制度，所以在選擇一間辦公室，無論是公司自己購買，或為租賃之場所，都需要符合風水地理的格局要求。

一、L形的辦公大樓

L形的辦公室有貪污的現象，若為多層次的L形，則貪污之現象特別明顯，早期的台北捷運公司位於台北南京東路大樓就是這種現象。

L形的房子，假設光從上面投射下來，那實心的L的一邊能接受到光，但缺角的部分就沒有能量了，故必有所缺失，此大樓的內部人員會有貪污的現象及身體疾病的侵襲，也會使得人心不安。

二、U形的辦公大樓

U形的辦公大樓則主整個大樓的後靠薄弱，必會讓公司在經營上，會有不順心、後靠無力、貴人

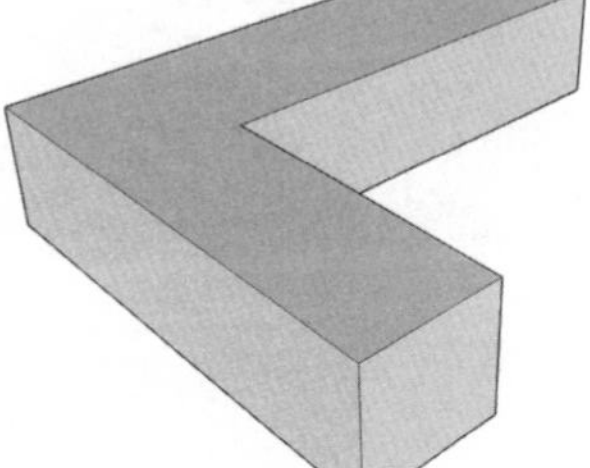

L形的辦公室大樓

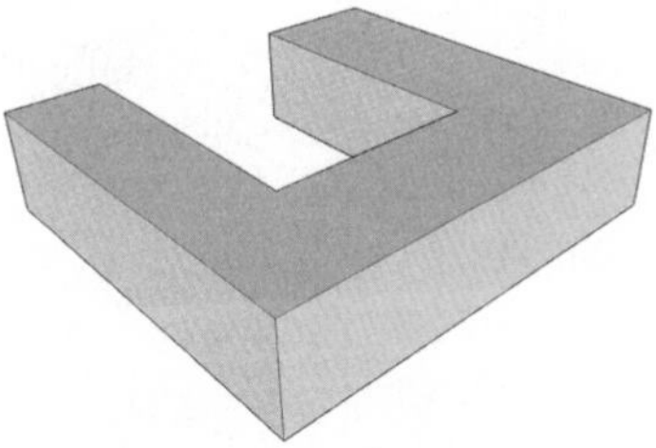

U形的辦公室大樓

不明、事業有不易伸展之現象。但若U的左右兩側為短，正身宅屋較大，形成有左右扶手的宅屋，則反主大吉大利之宅第。

三、口字形的辦公大樓

口字形的辦公大樓則主老闆心性不定，股東不合之現象，主要口字形的建築物在整棟大樓中間中心透空，雖能加強整個大樓的採光，但是一棟房子如同人的整個身體，大樓建築中心留著大天井如同人心臟無力，故公司設置在這種大樓裡必定有業務推廣不易、股東內亂之情形。

在台灣的辦公大樓中，口字型的大樓為數很

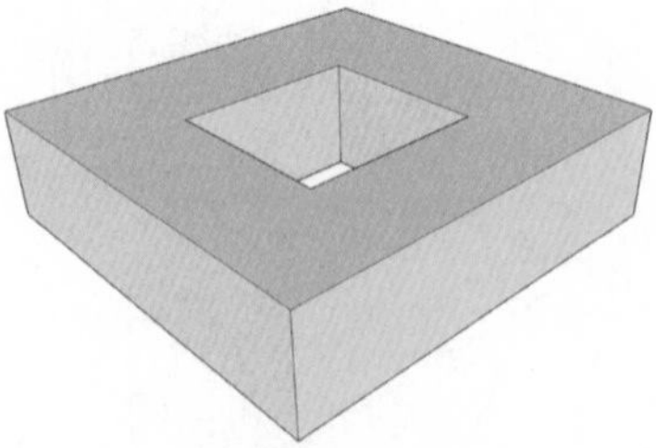

口形的辦公室大樓

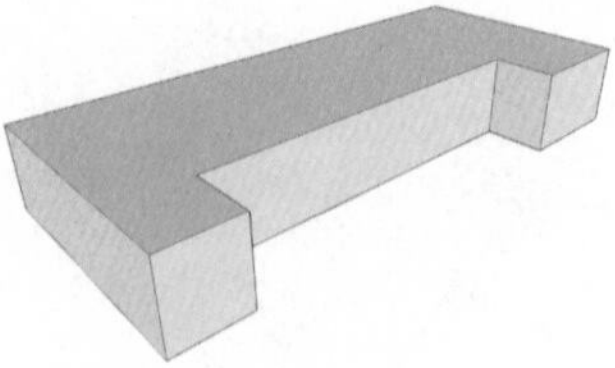

左右扶手的辦公室大樓

多，但氣勢旺的不多，主要是不懂得補救，故會讓內部的公司運作欲振乏力，若整個大樓為單一公司的總辦公室，必會有股東內鬥，營私之心較強，若改善得宜，能使整體業務拓展相對順暢。

四、雙十形的辦公大樓

台北市政府的雙十形體建築也是犯了風水之大忌，稱為推車煞形，其八卦方位中就有六個卦位有缺角，這一棟建築雖能有良好的採光，但內部的單位得勢與不得勢，懸殊非常大。雙十形的建築物若為公家機關是吉利的，但用作私人的辦公室或營業場所，則屬不吉之建築外型，主員工必定會貪

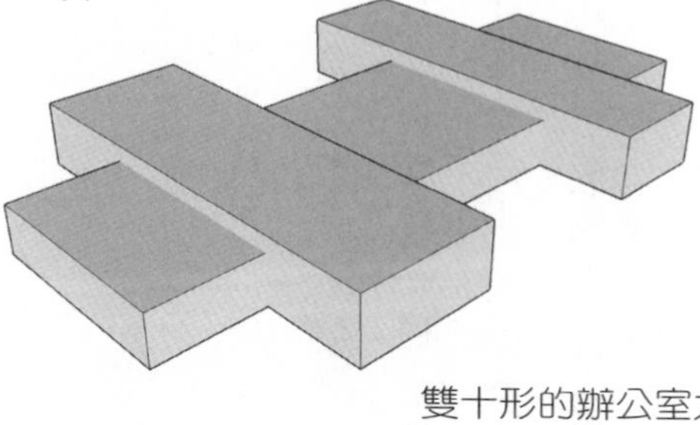

雙十形的辦公室大樓

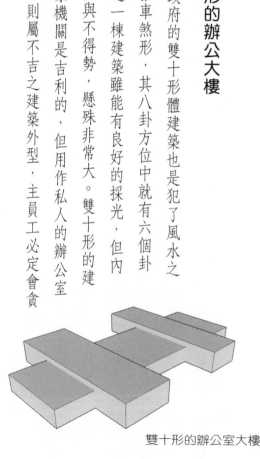

污到公司倒閉、老闆則勞碌到死的情形。

五、八角形的辦公大樓

台北市敦化南路上的鑽石雙星大廈，它的建築形體呈八角形建築格局，試想一棟八角形之建築物，雖然是能得到每一個卦位，但是若設置為辦公室，那可就找不到一個方正格局的辦公室可用了，又加上這一棟大樓裡，建築中間位置又設置了兩套廁所，在風水學上，住家格局中間安置廁所主病痛，辦公室營業場所則主漏財，也因此像這種八卦形體的辦公大樓亦屬不吉。

參、從使用面積來判斷

選擇辦公室場所，最先要注意使用面積的前後左右是否有屋角沖射、路沖、電線桿之沖射，只要在公司辦公室使用面積的周圍有特殊的沖射，都必須排除它，否則流年到了沖射的位置，必定會帶給使用者莫大的禍事。

如果在外環境一切完美的情況之下，內部的平面格局和動線設計就佔有很高的吉凶比率，因此我們就必須進一步審查使用面積是否完整，簡單判斷陽宅吉相的方法有：

1. **方正之形體**：主一切運作平和順利。

2. **前窄後寬的使用面積**：主旺盛的格局，俗稱的甕底厝大富貴，故此種公司辦公室必可享天時地利之富貴機運。

3. **使用面積前低後高的辦公室**：主後山有靠，亦主步步高昇，若反之前高後低的樓板面，則主節節敗退的冷退格局。

雖然說陽宅得吉利格局能帶來好的事業，但是要找一個好的辦公室陽宅，還真是非常不容易，主要是因為環境的變遷，大家的生活都富裕了，而建築大樓、改建大樓就到處林立，早期以風水來論斷陽宅之吉凶，以吉利之宅居多，但時下則主不良之宅為多，這都要歸咎於政府單位沒有健全的總體規劃，導致整體建築高低不齊、方向不同、大小不均，所以大部份的陽宅或多或少都會有不同程度的沖煞，因此現代人在生活上的問題就會比較複雜，身體的毛病就會比較多。

上面列出判斷吉相陽宅的三大重點，那麼不良的陽宅及辦公室的又會影響什麼呢？舉例來說：

一、曲尺形的陽宅（L形的樓面積）主會有貪污、洩財之象。

二、三角形的辦公室使用面積，則主易有員工意外，以及在此上班的人員易有羅患絕症之嫌，再者是非口舌也比較多。

三、公司辦公室的缺角樓面亦不吉，主有洩財、貴人不明，也易帶給員工身體上的疾厄毛病，每一個缺角方位都有其卦位五行，其五行就對應到身體的毛病，在羅盤的方位量定之後，其坐山五行天干地支就明顯分佈，若員工的生肖正合陽宅的方向卦位五行，則主毛病就出在這一人身上，一般的論斷為：

(1)**正東方缺角**：正東方五行為木，故所患之疾為四肢筋骨的毛病及肝膽方面的毛病。

(2)**正西方缺角**：正西方五行為金，故所患之毛病為呼吸系統、氣管、肺部、皮膚之疾。

(3)**正南方缺角**：正南方五行為火，主所患之毛病為心臟、血壓、便秘、痔瘡之病症。

(4)**正北方缺角**：正北方五行為水，主所患之毛病為腎臟、子宮、內分泌失調之病症。

(5)**東北方缺角**：東北方五行為土，主所患之毛病為脾臟、胸、肋骨、健忘、精神病症。

(6)**東南方缺角**：東南方五行為木，主所患之毛病為十指、項頸，結石、黃膽、疝氣、肝血管、肝肌瘤之病症。

(7)**西南方缺角**：西南方五行為木，主所患之毛病為胃腸病，胃酸過多、胃癌、齒列毛病、嘴唇容易破之病症。

(8)**西北方缺角**：西北方五行為金，主所患之毛病為頭部之疾，大腦腫瘤、肋膜炎、支氣管炎、氣喘之病症。

除身體疾厄上的對應以外，若是辦公室的使用面積有嚴重缺角的情形，同樣會因為缺角的卦位不同而對應到公司不同位階的同仁身上，只要該卦位缺角，所謂應到的人就容易在工作上產生嚴重的缺失，諸如貪污舞弊、經營上的錯誤決策、人事鬥爭等等，若在辦公室的使用空間內有發生缺角的情形，可依照下列的說明以五行制化之法來加以化解。

(1)**正東方缺角**：對應卦位為震卦，所對應的公司職務為男性的高階主管，要化解正東方卦位缺角，將圓形的盆栽擺在缺角的位置上，便可讓氣場完全化解。

(2)**正西方缺角**：對應卦位為兌卦，所對應的公司職務為女性的低階員工，要化解正西方卦位缺角，必須在缺角的位置擺放銅製或鐵製的缸或大圓桶，就可以相對化解缺角所產生的氣。

(3)**正南方缺角**：對應卦位為離卦，所對應的公司職務為女性的中階主管，要化解正南方卦位缺角，可擺石頭假山，或是有尖圓形造型的物體，尖圓造型的物體可以讓缺角的氣場平和、中庸。

(4)**正北方缺角**：對應卦位為坎卦，所對應的公司職務為男性的中階主管，要化解正北方卦位缺角，建議在缺角的位置上擺水，建議採用會滾動的水球是比較理想的。

(5)**東北方缺角**：對應卦位為艮卦，所對應的公司職務為男性的低階員工，要化解東北方卦位缺角，可以在缺角的位置擺放圓形瓷器就可以化解了。

(6)**東南方缺角**：對應卦位為巽卦，所對應的公司職務為女性的高階主管，要化解東男方卦位缺角，將圓形的盆栽擺在缺角的位置上，便可讓氣場完全化解。

(7)**西南方缺角**：對應卦位為坤卦，所對應的公司職務為女性的公司負責人，要化解西南方卦位缺角，可以在缺角的位置擺放圓形瓷器就可以化解了。

(8)**西北方缺角**：對應卦位為乾卦，所對應的公司職務為男性的公司負責人，要化解西北方卦位缺角，必須在缺角的位置擺放銅製或鐵製的缸或大圓桶，就可以相對化解缺角所產生的氣。

還有一種情況是與缺角相反，就是在辦公室的使用面積上有較大的凸出情形，同樣會因為突出的卦位不同而對應到公司不同位階的同仁身上。

(1)**正東方凸出**：對應卦位為震卦，所對應的公司職務為男性的高階主管，領導統御喜歡用軍事管理，原則特別多，個性強不易親近。

(2)**正西方凸出**：對應卦位為兌卦，所對應的公司職務為女性的低階員工，個性較情緒化，常常自以為是，不喜歡遵守規定。

(3)**正南方凸出**：對應卦位為離卦，所對應的公司職務為女性的中階主管，不服輸的性格，喜歡和男性同仁在職場上一較高下。

(4)**正北方凸出**：對應卦位為坎卦，所對應的公司職務為男性的中階主管，個性比較高傲，自我意識很強，故不太得人緣。

(5)**東北方凸出**：對應卦位為艮卦，所對應的公司職務為男性的低階員工，凡是我行我素，不易管教，較不易融入團體生活。

(6)**東南方凸出**：對應卦位為巽卦，所對應的公司職務為女性的高階主管，代表一切以工作為重，自我要求很高，但做事缺乏圓融。

(7)**西南方凸出**：對應卦位為坤卦，所對應的公司職務為女性的公司負責人，商場上作風強悍，具有男子氣概，一般皆為女強人的類形。

(8)**西北方凸出**：對應卦位為乾卦，所對應的公司職務為男性的公司負責人，代表老闆行事作風強硬，凡是不妥協、也不接受建議。

肆、從辦公大樓的色系來判斷

每一棟大樓都有屬於它的色系，一般而言，色系主要以象牙白為佳，但是不要偏向於純白色，整個氣場才會比較亮。有些建築會用紅色系、藍色系或綠色系，這些顏色都必須配合整棟大樓的整體採光面，才能得到旺氣的效果。

色系開運乃是根據五行相生相剋的原理，每種色系都有屬於自己的五行，只要判斷出辦公大樓的坐向，先找出辦公大樓屬於何種五行，再和相生的五行色相互配合，就能產生一棟旺氣的大樓來，相反地，如果大樓採用了相

剋的五行色，陽宅的氣自然就會受阻。

舉例來說，若大樓的採光面方向是座東朝西，它的五行屬木，色系上就是屬綠色系，則外圍環境就必須與它相生，如果房子漆成綠色，對你是有幫助的；若是漆成藍色系，藍色五行屬於水，則水會來生木，這種房子對你也是有幫助的。

如果是一棟座南朝北的房子，本身五行屬火，火的色系是紅色系，若是將房子漆成藍色系或黑色系，這個色系的五行屬於水，水會來沖剋這棟房子的五行氣，陽宅的氣就不能順暢，即使天運五行照臨，氣也無法達到興旺。

五行方位與適合之色系

⑴**座北朝南的辦公大樓**，適合的顏色為藍色系、淺灰色系、黑色系、白色系（象牙白）。

(2)座南朝北的辦公大樓，適合的顏色是偏向綠色系或黃色系、紅色系。

(3)座東朝西的辦公大樓，用綠色系、藍色系才能對房子有所助力。

(4)座西朝東的辦公大樓，最適合的顏色為花崗石的黃色系及一般黃色系，白色系也對房子很有利。

(5)座東北朝西南的辦公大樓，適合的顏色為黃色系或白色系。

(6)座西南朝東北的辦公大樓，適合的顏色為花崗石的黃色系或白色系。

(7)座西北朝東南的辦公大樓，適合的顏色為黃色系、黃白色系，最佳的顏色是金黃色系，若為玻璃圍幕大樓，用金黃色能讓公司財源廣進。

(8)座東南朝西北的辦公大樓，適合的顏色以綠色系、淺藍色系為佳。

所謂的吉宅與不吉利之宅都具有非常多的特性，也會在各種不同的狀態下產生吉凶的影響，若要細分很難用簡短的篇章來交待，想要進一步瞭解的讀者不妨可以參閱筆者其他的相關著作，必能讓你一覽無遺。

本篇後記—建築設計的省思（建商必讀）

陽宅建築的外觀形體非常的多，愈有名氣的建築師，其為打響自己特異的風格，必定會在大樓的形體來作文章，因此他們能順利的奪下造型設計之獎項，在這樣的鼓勵之下，建築設計師們若想參予比賽，就會以更奇特的外觀造型來作基本設計理念。

但這真的是好事嗎？在此建議諸位建商們，如果想要每一次推案都能有亮麗的業績，就必須以中規中矩的方式來作設計主軸，事實上唯有上項的理念不夠，還必須配合大樓地基位置的風水觀，以及大樓色系方向的互動關係，建築師要以中庸之道的基礎設計及風水的基地取向為準繩，雖然這種設計沒有辦法得到造型方面的肯定，但是以商言商的角度作評估則必屬致富之根本法則。

大樓建築的外形引導天星磁場的投射，而日月行星的氣光運行是不分大小，是依據所造陽宅格局的形體而佈八卦方位吉凶，就以L形體來論，假如光從上面投射下來，那實心L的一邊能接受到光的照射，而空缺的部份沒有實質的室內空間來作吸引之原能，故必有所缺失，也因為這種因素，才導致使用此大樓的人員會有貪污的現象，以及身體疾病的侵襲，也會帶來人心的不穩定。

太極的分化是依使用面積的長與寬畫成方格來立中心點，祇要缺角的一方不超過短缺面長度的三分之一則無妨，主要理由為中心位置必居二分之一處，缺了三分之一的長度，中心磁場的分佈還是能得到卦氣的佈達，所以在設計之初，就必須注意到這一點，才能夠達到陽宅的使用面積分配辦公室、廁所、儲藏室、會計室、主管室都能有天星磁場的旺氣和陽宅外面的光線。

總而言之，一個陽宅或為大樓的辦公室，必須是採方正形體的格局，正方形或略長的長方形格局，才是真正的吉相陽宅，假如所建的或所找的房子，形狀不正或有其他缺陷都為不吉之陽宅，那我們最好不要去使用，否則必有不好之影響，若再加上房子有好的外環境，用它來作為公司辦公室，或者開店之店面，就能帶給公司有好的業績，店家生意旺旺來。

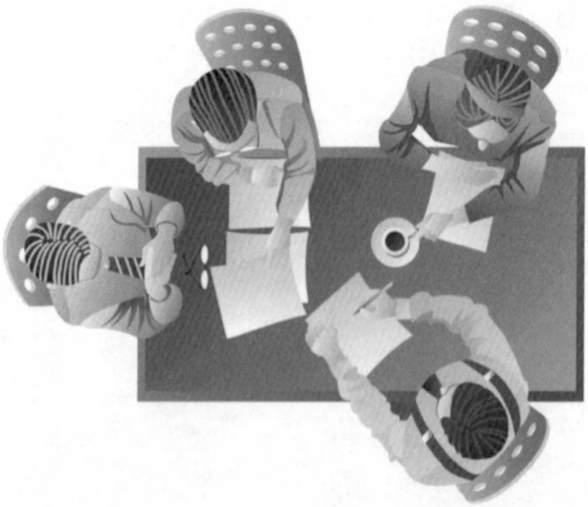

第二篇

影響財祿的辦公室大門

◎從外在環境來判斷

◎從建築外觀及格局來判斷

◎從使用面積來判斷

◎從辦公大樓的色系來判斷

◎建築設計的省思

壹、辦公室的大門開在什麼方位有多重要？

稍微具有一點風水常識的人都知道大門對一間陽宅的重要性。我們都知道一棟建築的門路就是這棟房子的納氣口，氣由此進入陽宅空間，其功能就如同人的嘴巴一樣，只要嘴巴的功能正常，人的進食就能順暢，身體也才能健康；不信你看那些腦性麻痺的患者，嘴巴歪了就無法正常咀嚼食物，所以腸胃問題必定特別多，亦或是那些患有口腔疾病、口腔癌的病患，甚至無法開大嘴來進食，最後還需要靠導管以流質物補充養分，身體當然不會健康，那麼陽宅氣口的重要性就不言而喻了。

也因為這個原理，我們可以從一棟建築物的門路之卦位來判斷它的吉凶禍福，陽宅之門路與天星行運磁

場，具有五行相生相剋之原理，所以在風水地理學術理論中，就能夠根據這一點來判斷出當年當月之吉凶禍福，不論是公司、店面的財運運勢，或是住家的一切狀況，都能從此處一覽無遺。

看到這邊，或許大家會產生這樣的疑問：如果陽宅的門路會與天星行運磁場產生生剋的對應關係，但天星行運磁場又是無時無刻都在變動之中的，這麼一來，我們的大門豈不是每隔一段時間就要改變一次了嗎？

事情並非如此，一棟房子的門向哪能說改就改？就像人的嘴巴，總不能因為個人的好惡而掉換五官的位置吧？正所謂「時來運轉」，陽宅的門向吉凶雖然會隨著流年天星的變化而轉變，但也因為掌握住這一點，我們不正好可以藉由預判吉凶來做好事前的防範嗎？

(1)當流年天星所下達的位置是宅體的生氣方或旺氣方時，代表公司的運勢會有不錯的突破，財運方面也會有很好的進帳，因此可以在這段期間多做一點投資或擴張原本的事業版圖。

(2)相對的，如果流年天星所下達的位置正好是宅體的死氣方或洩氣方時，代表本年會有財運耗損或經營上會遇到瓶頸，必須承受比較大的壓力，所以在做任何決定的時候，就必須格外小心謹慎，切勿操之過急。

(3)若所下達的位置是宅體的平氣方時，則最好採取保守的政策，以守代攻，順便也可以做一下內部整頓與人事調整。

當然，除了這些方法以外，我們還可以利用風水制化的原理，以吉祥物或制煞物擺設在正確的位置來達到趨吉避凶的效果，藉以度過難關。

貳、辦公室大門的方位吉凶

了解以上的原理之後，接下來大家會遇到的問題是：陽宅的門向吉凶雖然會改變，但是在選擇或設計一間辦公室的時候，有沒有辨別門向吉凶的法則？要不然根本不知道要將門開在哪裡好？

大門為納氣之口，就如同我們人體的嘴巴一樣，吃東西從口，也就是前門，排東西為肛，亦即陽宅之後門，一個好的陽宅必定要有前門與後門，但當今之大樓有後門的不多，而以採光之窗為論之，於是大門的位置就非常重要了，位置設定對了，必定能帶給公司業績旺盛，商家門庭若市，大門位置設錯了，必定帶給公司業績一蹶不振，商家之生意門可羅雀，但是大樓建築的樓上房子，大門是很難改變的，因此我們在選辦公室之前必定要先選定門路之位置，否則就會帶來不良的影響。

(1)如果辦公室之大門剛好在辦公室使用面積的旺財方位，則必主公司旺盛，年年豐收。

(2)若大門位置剛好在洩財方位，則主公司註定衰敗。

(3)若在死氣方的大門，則主順著流年周天的旺衰來決定公司的業績命運。

的確，大門是一間公司的門面，大門開得好，其效果就如同聚寶盆一樣，能夠幫助公司達到吸財納寶的作用，辨別門向吉凶的方法當然是有的，只是稍微複雜了一點，我們可以根據風水學中的八宅九星生旺殺洩理論，推算出每一種坐向的陽宅其最佳的大門門向，以及不宜作為大門門向的方位，方法在此不加贅述，茲將各種門向的吉凶方位簡述如下，以供讀者作為選擇辦公室或是設計辦公室門路時的參考。

一、坎宅（辦公室的座向為座北朝南）

(1)大門門向是開於西北方

大門開於西北方為**殺氣方**，此方位因無法得到地利之助力，大門如同虛設而財富不易凝聚，間接影響公司業績成長，容易導致功虧一饋、半途而廢。

(2)大門門向是開於正西方

大門開於正西方為**洩氣方**，此方位將導致公司失財洩氣、營運困難，因無法得到旺氣，故需投注大量財力於經營事務上，但是容易有事倍功半的情形。

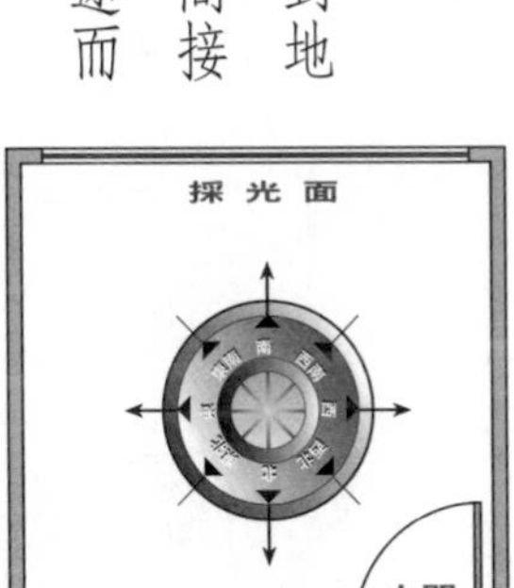

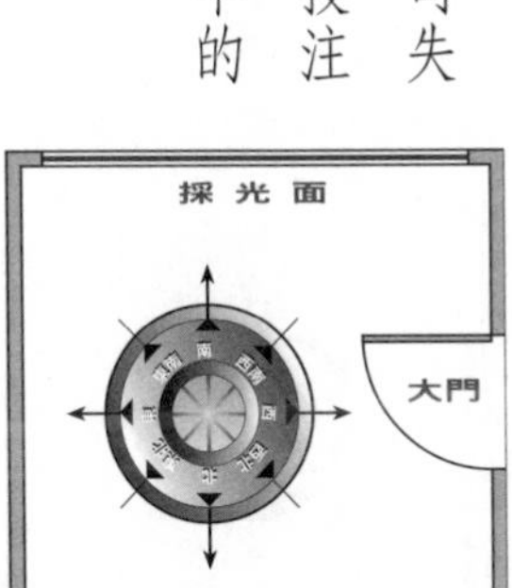

(3)大門門向是開於東北方

大門開於東北方為**洩氣方**，此方位將導致公司失財洩氣、營運困難，因無法得到旺氣，故需投注大量財力於經營事務上，但是容易有事倍功半的情形。

(4)大門門向是開於正南方

大門開於正南方為**五黃關煞方**，此方位正是出入最好之門路，可上達財星，下行寶路，使生意興隆，萬事俱足，若遇流年天星運轉至此位時，將可幫助公司業績成長，財運亨通。因此可為公司引進好員工、好客戶而使生意與隆旺盛，財源滾滾而來。

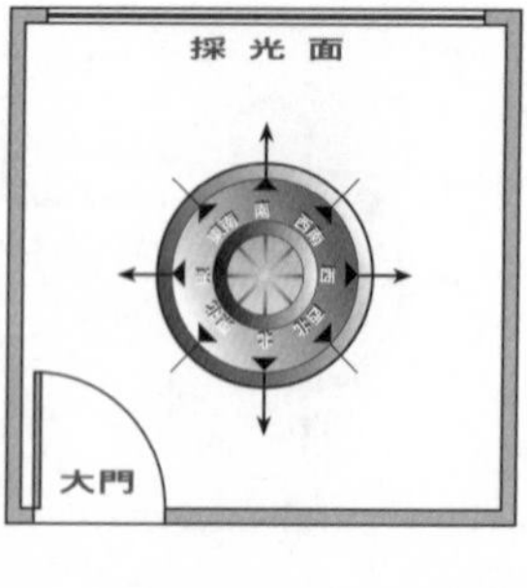

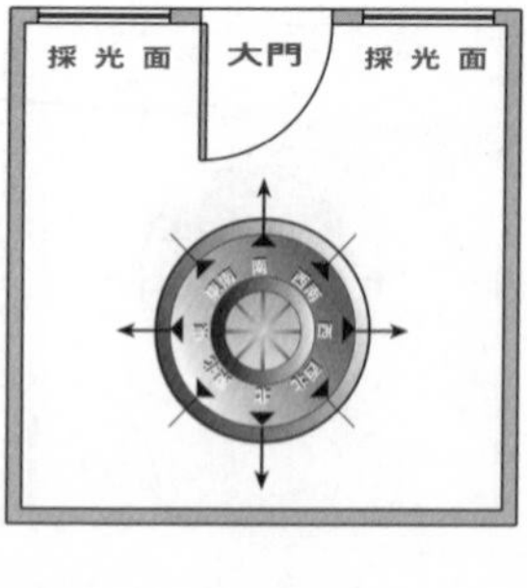

(5)大門門向是開於正北方

大門開於正北方為**生氣方**，此方位能夠得地利之幫助，開門最為吉利。如遇宅體運勢的天時，可達到財祿廣進之功效，若未遇此時亦可保本防失財。因此可為公司引進好員工、好客戶而使生意興隆旺盛，財源滾滾而來。

(6)大門門向是開於西南方

大門開於西南方為**生氣方**，此方位能夠得地利之幫助，開門最為吉利。如遇宅體運勢的天時，可達到財祿廣進之功效，若未遇此時亦可保本防失財。因此可為公司引進好員工、好客戶而使生意興隆旺盛，財源滾滾而來。

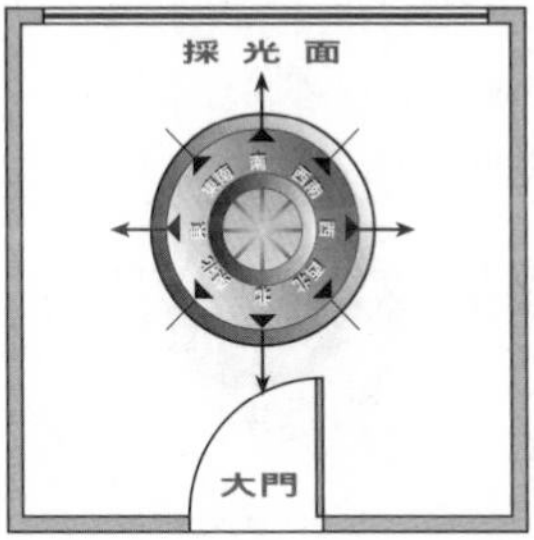

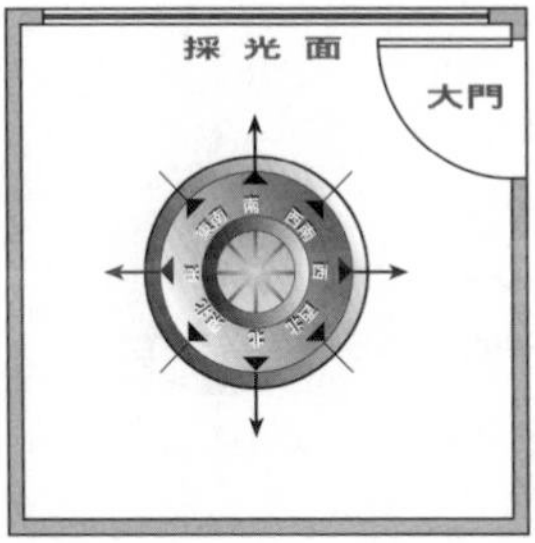

(7)大門門向是開於正東方

大門開於正東方為**殺氣方**，此方位因無法得到地利之助力，大門如同虛設而財富不易凝聚，間接影響公司業績成長，容易導致功虧一饋、半途而廢。

(8)大門門向是開於東南方

大門開於東南方為**死氣方**，此方位將使財煞之氣匯聚污穢而死氣沉沉，無法暢通。因此，影響公司生氣不振，財富不來，自然諸多計劃停擺不前而易有虧損之現象。將導致公司失財洩氣、營運困難，因無法得到旺氣，故需投注大量財力於經營事務上，但是容易有事倍功半的情形。

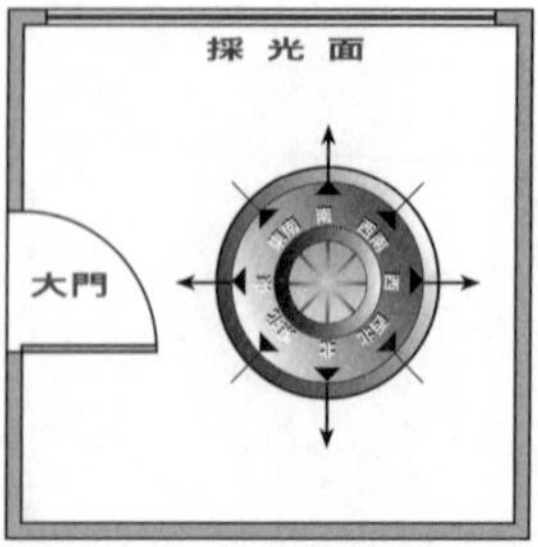

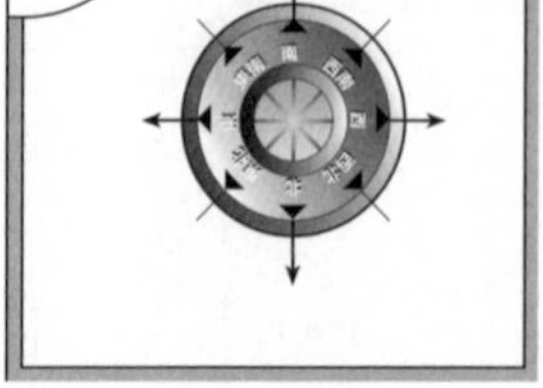

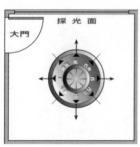

二、離宅（辦公室的座向為座南朝北）

(1)大門門向是開於西北方

大門開於西北方為**殺氣方**，此方位因無法得到地利之助力，大門如同虛設而財富不易凝聚，間接影響公司業績成長，容易導致功虧一饋、半途而廢。

(2)大門門向是開於正西方

大門開於正西方為**洩氣方**，此方位將導致公司失財洩氣、營運困難，因無法得到旺氣，故需投注大量財力於經營事務上，但是容易有事倍功半的情形。

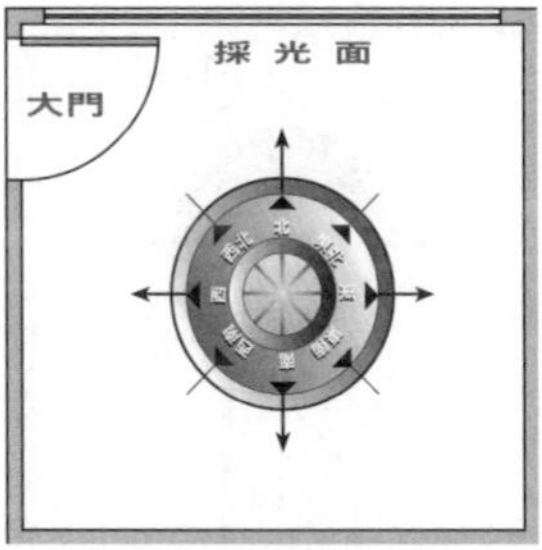

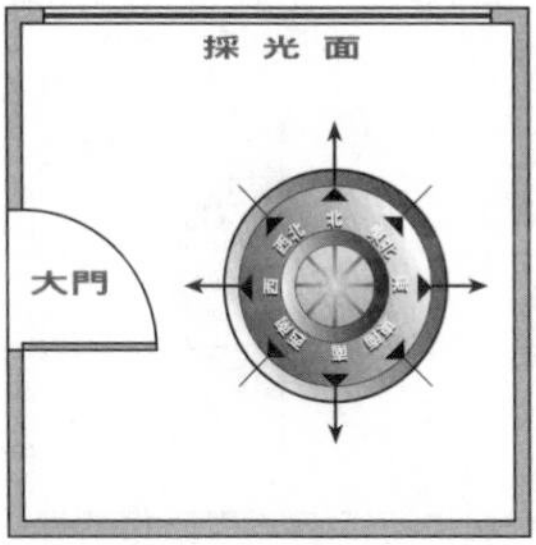

(3)大門門向是開於東北方

大門開於東北方為**生氣方**，此方位能夠得地利之幫助，開門最為吉利。如遇宅體運勢的天時，可達到財祿廣進之功效，若未遇此時亦可保本防失財。因此可為公司引進好員工、好客戶而使生意興隆旺盛，財源滾滾而來。

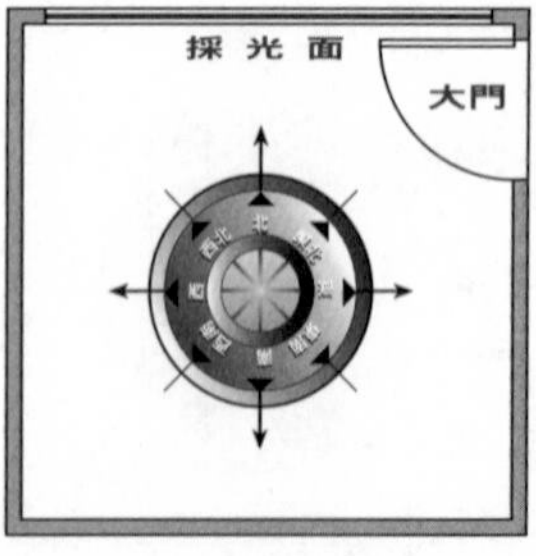

(4)大門門向是開於正南方

大門開於正南方為**旺氣方**，此方位能收地利之旺氣，如龍蟠虎踞吸引財富旺氣，增強招財磁場能量，達到開財致富的功效。因此可為公司引進好員工、好客戶而使生意興隆旺盛，財源滾滾而來。

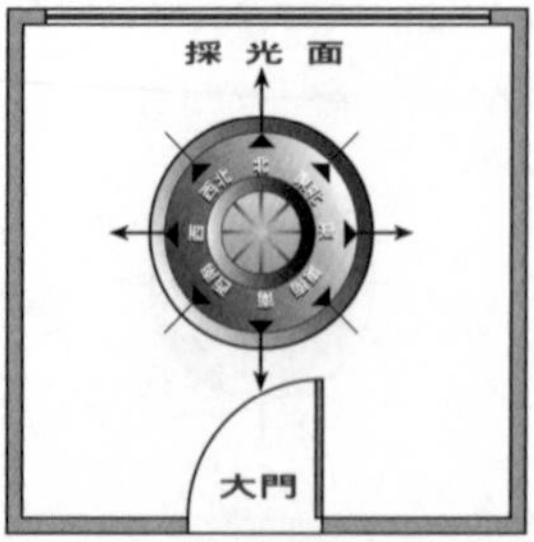

(5) 大門門向是開於正北方

大門開於正北方為**五黃關煞方**，此方位正是出入最好之門路，可上達財星，下行寶路，使生意與隆，萬事俱足，若遇流年天星運轉至此位時，將可幫助公司業績成長，財運亨通。因此可為公司引進好員工、好客戶而使生意與隆旺盛，財源滾滾而來。

(6) 大門門向是開於西南方

大門開於西南方為**死氣方**，此方位將使財煞之氣匯聚污穢而死氣沉沉，無法暢通。因此，影響公司生氣不振，財富不來，自然諸多計劃停擺不前而易有虧損之現象。將導致公司失財洩氣、營運困難，因無法得到旺氣，故需投注大量財力於經營事務上，但是容易有事倍功半的情形。

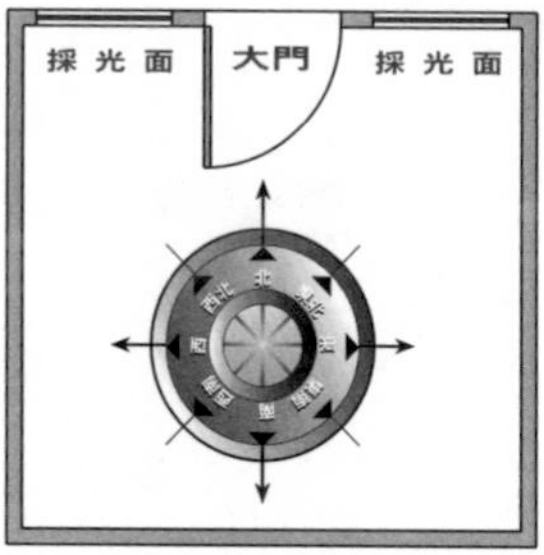

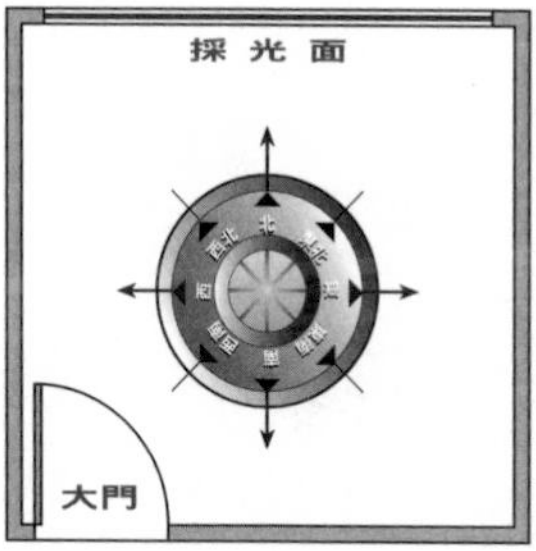

(7) 大門門向是開於正東方

大門開於正東方為**死氣方**，此方位將使財煞之氣匯聚污穢而死氣沉沉，無法暢通。因此，影響公司生氣不振，財富不來，自然諸多計劃停擺不前而易有虧損之現象。將導致公司失財洩氣、營運困難，因無法得到旺氣，故需投注大量財力於經營事務上，但是容易有事倍功半的情形。

(8) 大門門向是開於東南方

大門開於東南方為**洩氣方**，此方位將導致公司失財洩氣、營運困難，因無法得到旺氣，故需投注大量財力於經營事務上，但是容易有事倍功半的情形。

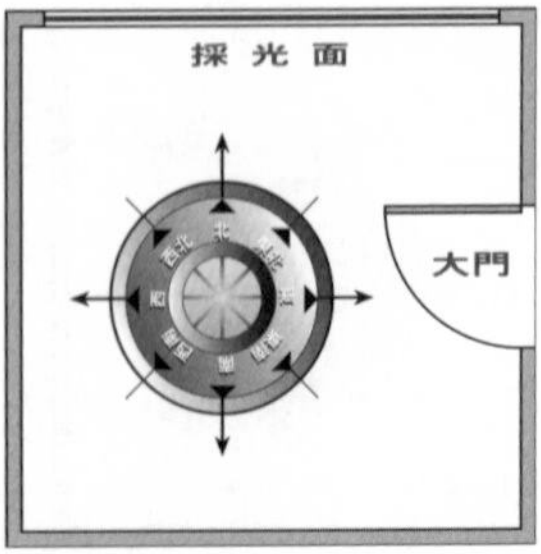

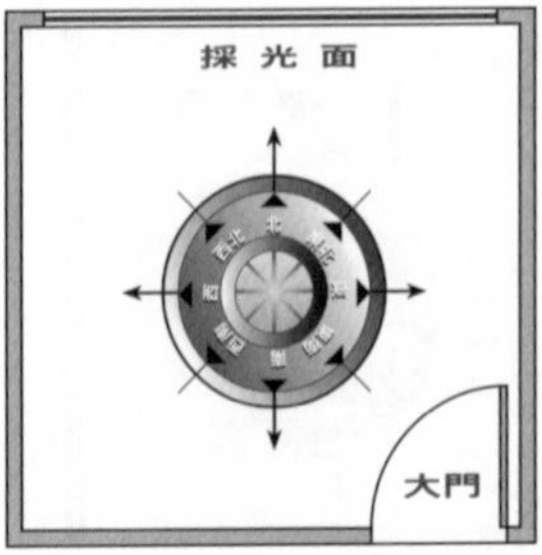

三、震宅（辦公室的座向為座東朝西）

(1)大門門向是開於西北方

大門開於西北方為**旺氣方**，此方位能收地利之旺氣，如龍蟠虎踞吸引財富旺氣，增強招財磁場能量，達到開財致富的功效。可為公司引進好員工、好客戶而使生意與隆旺盛，財源滾滾而來。

(2)大門門向是開於正西方

大門開於正西方為**五黃關煞方**，此方位正是出入最好之門路，可上達財星，下行寶路，使生意興隆，萬事俱足，若遇流年天星運轉至此位時，將可幫助公司業績成長，財運亨通。因此可為公司引進好員工、好客戶而使生意與隆旺盛，財源滾滾而來。

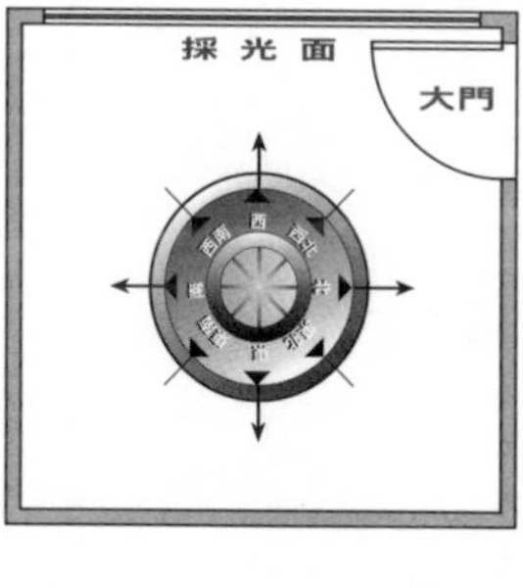

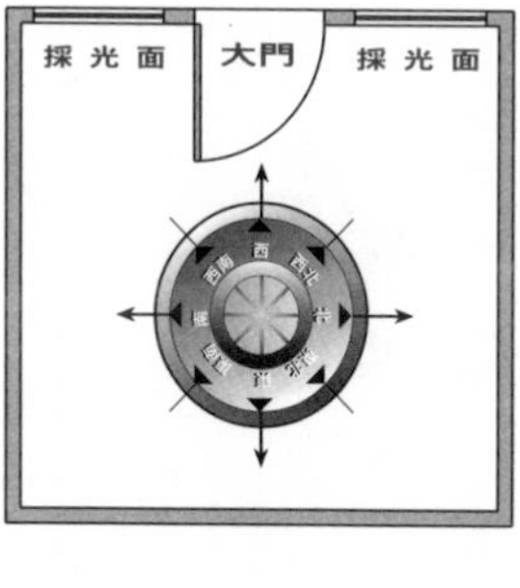

(3)大門門向是開於東北方

大門開於東北方為**殺氣方**，此方位因無法得到地利之助力，大門如同虛設而財富不易凝聚，間接影響公司業績成長，容易導致功虧一饋、半途而廢。

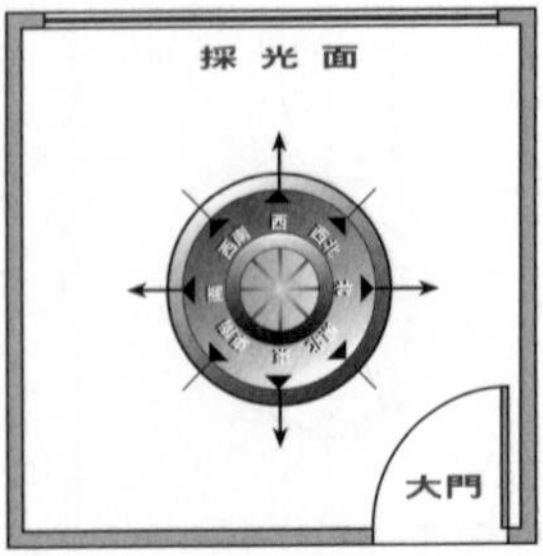

(4)大門門向是開於正南方

大門開於正南方為**殺氣方**，此方位因無法得到地利之助力，大門如同虛設而財富不易凝聚，間接影響公司業績成長，容易導致功虧一饋、半途而廢。

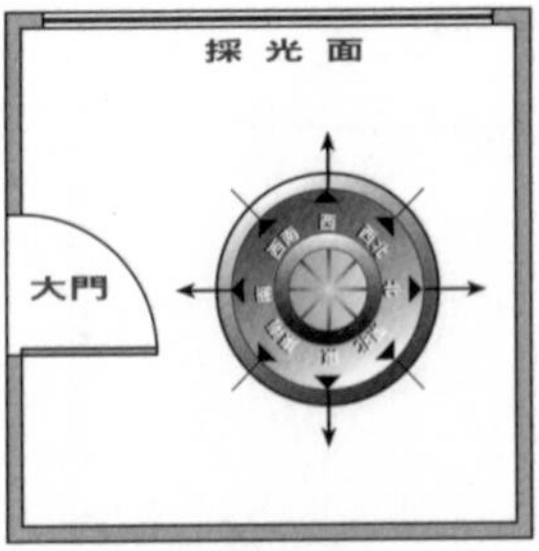

(5)大門門向是開於正北方

大門開於正北方為**死氣方**，此方位將使財煞之氣匯聚污穢而死氣沉沉，無法暢通。因此，影響公司生氣不振，財富不來，自然諸多計劃停擺不前而易有虧損之現象。將導致公司失財洩氣、營運困難，因無法得到旺氣，故需投注大量財力於經營事務上，但是容易有事倍功半的情形。

(6)大門門向是開於西南方

大門開於西南方為**洩氣方**，此方位將導致公司失財洩氣、營運困難，因無法得到旺氣，故需投注大量財力於經營事務上，但是容易有事倍功半的情形。

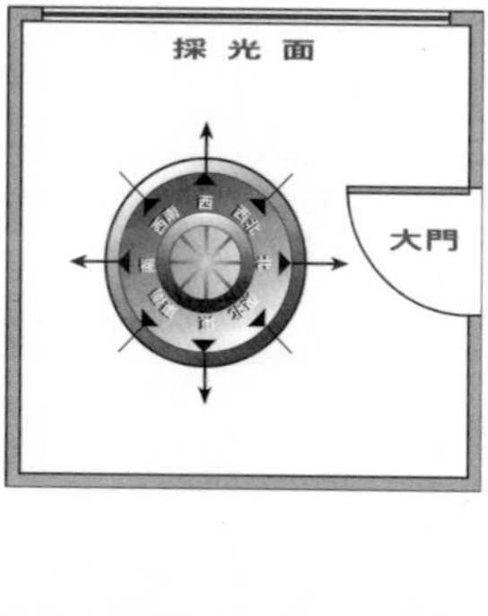

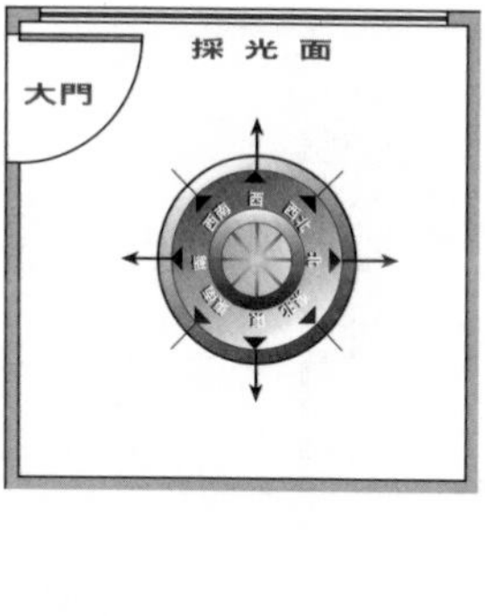

(7)大門門向是開於正東方

大門開於正東方為**生氣方**，此方位能夠得地利之幫助，開門最為吉利。如遇宅體運勢的天時，可達到財祿廣進之功效，若未遇此時亦可保本防失財。因此可為公司引進好員工、好客戶而使生意興隆旺盛，財源滾滾而來。

(8)大門門向是開於東南方

大門開於東南方為**死氣方**，此方位將使財煞之氣匯聚污穢而死氣沉沉，無法暢通。因此，影響公司生氣不振，財富不來，自然諸多計劃停擺不前而易有虧損之現象。將導致公司失財洩氣、營運困難，因無法得到旺氣，故需投注大量財力於經營事務上，但是容易有事倍功半的情形。

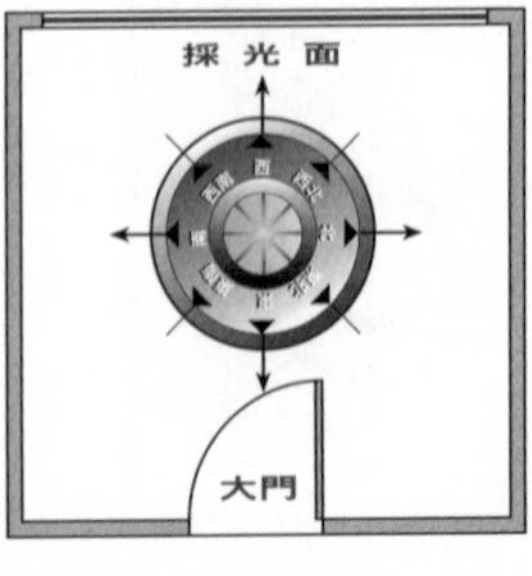

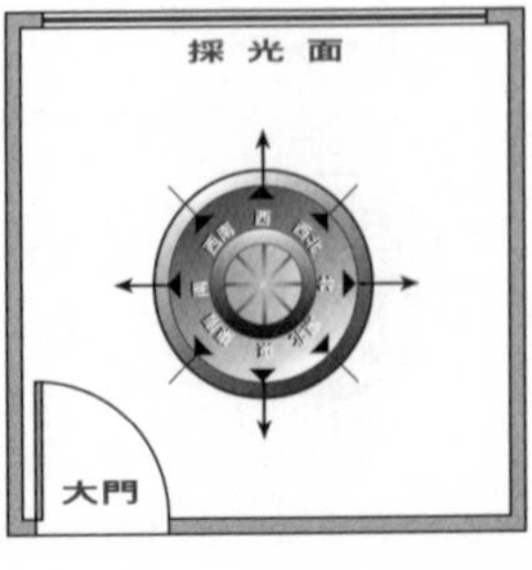

四、兌宅（辦公室的座向為座西朝東）

(1) 大門門向是開於西北方

大門開於西北方為**生氣方**，此方位能夠得地利之幫助，開門最為吉利。如遇宅體運勢的天時，可達到財祿廣進之功效，若未遇此時亦可保本防失財。因此可為公司引進好員工、好客戶而使生意興隆旺盛，財源滾滾而來。

(2) 大門門向是開於正西方

大門開於正西方為**殺氣方**，此方位因無法得到地利之助力，大門如同虛設而財富不易凝聚，間接影響公司業績成長，容易導致功虧一饋、半途而廢。

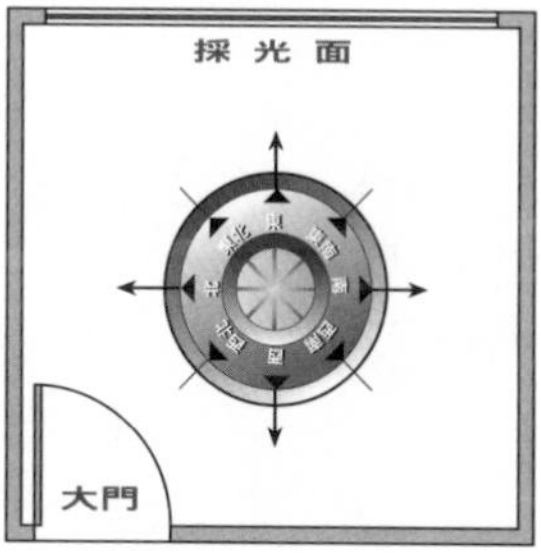

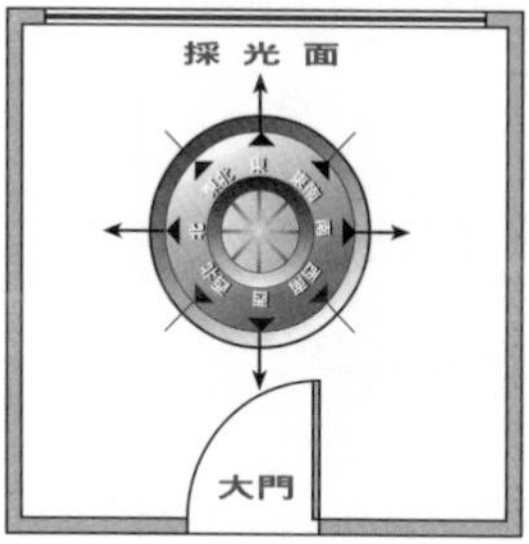

(3)大門門向是開於東北方

大門開於東北方為**洩氣方**，此方位將導致公司失財洩氣、營運困難，因無法得到旺氣，故需投注大量財力於經營事務上，但是容易有事倍功半的情形。

(4)大門門向是開於正南方

大門開於正南方為**生氣方**，此方位能夠得地利之幫助，開門最為吉利。如遇宅體運勢的天時，可達到財祿廣進之功效，若未遇此時亦可保本防失財。因此可為公司引進好員工、好客戶而使生意興隆旺盛，財源滾滾而來。

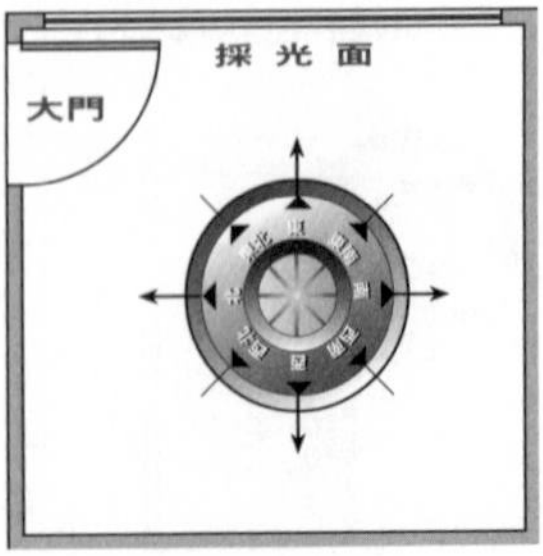

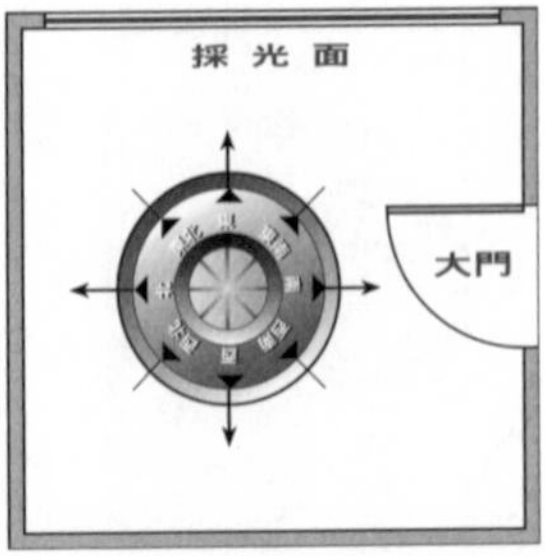

(5) 大門門向是開於正北方

大門開於正北方為**死氣方**，此方位將使財煞之氣匯聚污穢而死氣沉沉，無法暢通。因此，影響公司生氣不振，財富不來，自然諸多計劃停擺不前而易有虧損之現象。將導致公司失財洩氣、營運困難，因無法得到旺氣，故需投注大量財力於經營事務上，但是容易有事倍功半的情形。

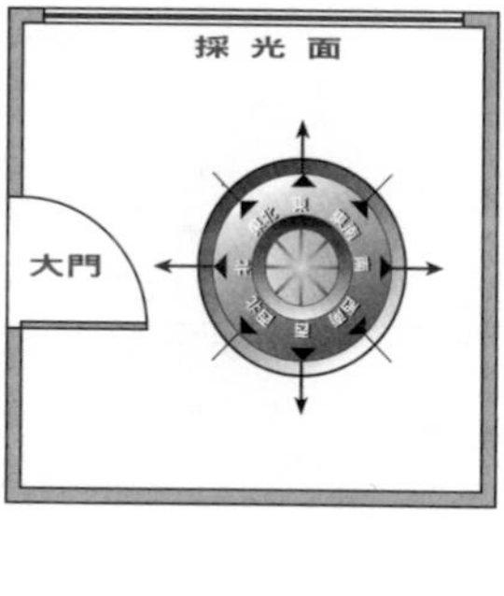

(6) 大門門向是開於西南方

大門開於西南方為**死氣方**，此方位將使財煞之氣匯聚污穢而死氣沉沉，無法暢通。因此，影響公司生氣不振，財富不來，自然諸多計劃停擺不前而易有虧損之現象。將導致公司失財洩氣、營運困難，因無法得到旺氣，故需投注大量財力於經營事務上，但是容易有事倍功半的情形。

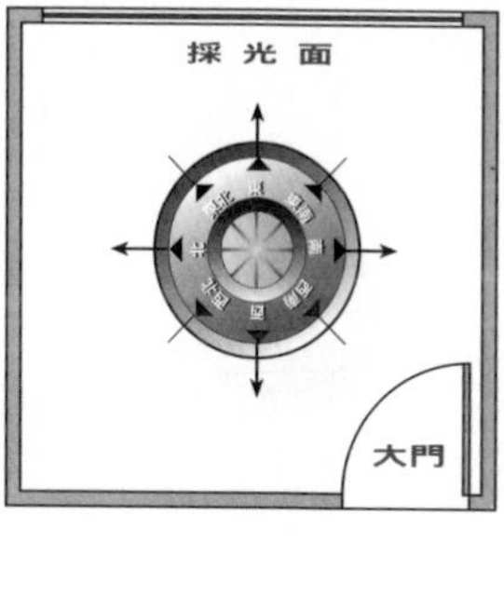

(7)大門門向是開於正東方

大門開於正東方為**五黃關煞方**，此方位正是出入最好之門路，可上達財星，下行寶路，使生意興隆，萬事俱足，若遇流年天星運轉至此位時，將可幫助公司業績成長，財運亨通。因此可為公司引進好員工、好客戶而使生意與隆旺盛，財源滾滾而來。

(8)大門門向是開於東南方

大門開於東南方為**旺氣方**，此方位能收地利之旺氣，如龍蟠虎踞吸引財富旺氣，增強招財磁場能量，達到開財致富的功效。可為公司引進好員工、好客戶而使生意與隆旺盛，財源滾滾而來。

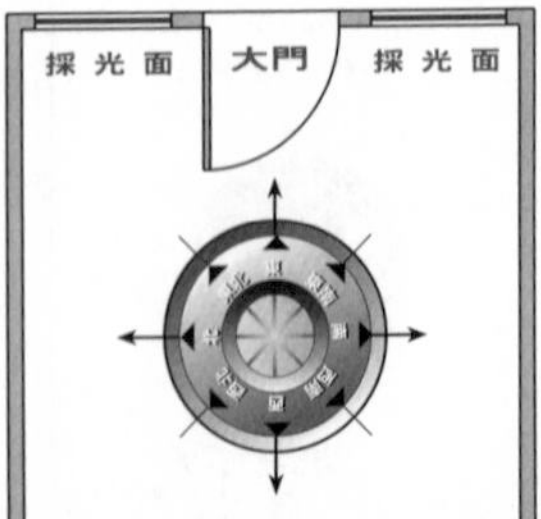

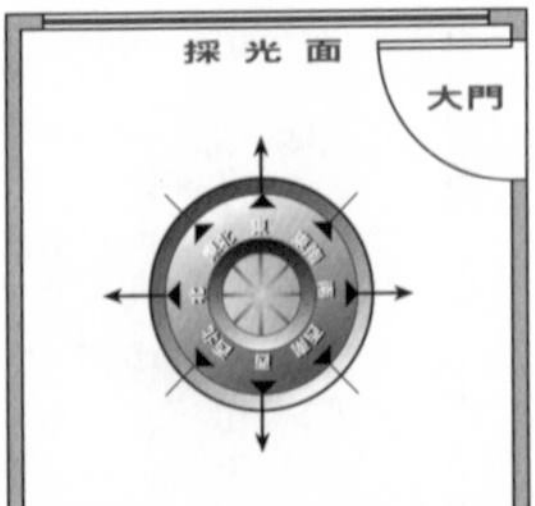

五、坤宅（辦公室的座向為座西南朝東北）

(1)大門門向是開於西北方

大門開於西北方為**殺氣方**，此方位因無法得到地利之助力，大門如同虛設而財富不易凝聚，間接影響公司業績成長，容易導致功虧一饋、半途而廢。

(2)大門門向是開於正西方

大門開於正西方為**殺氣方**，此方位因無法得到地利之助力，大門如同虛設而財富不易凝聚，間接影響公司業績成長，容易導致功虧一饋、半途而廢。

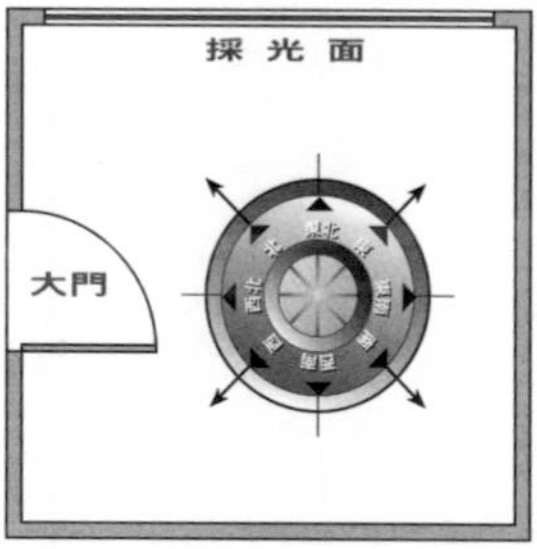

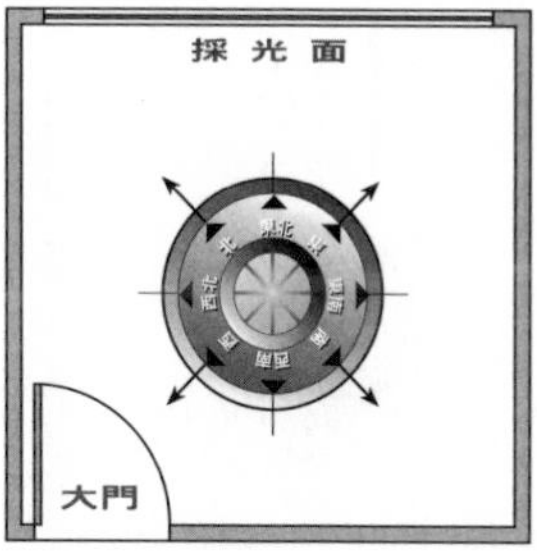

(3)大門門向是開於東北方

大門開於東北方為**五黃關煞方**，此方位正是出入最好之門路，可上達財星，下行寶路，使生意與隆，萬事俱足，若遇流年天星運轉至此位時，將可幫助公司業績成長，財運亨通。因此可為公司引進好員工、好客戶而使生意與隆旺盛，財源滾滾而來。

(4)大門門向是開於正南方

大門開於正南方為**洩氣方**，此方位將導致公司失財洩氣、營運困難，因無法得到旺氣，故需投注大量財力於經營事務上，但是容易有事倍功半的情形。

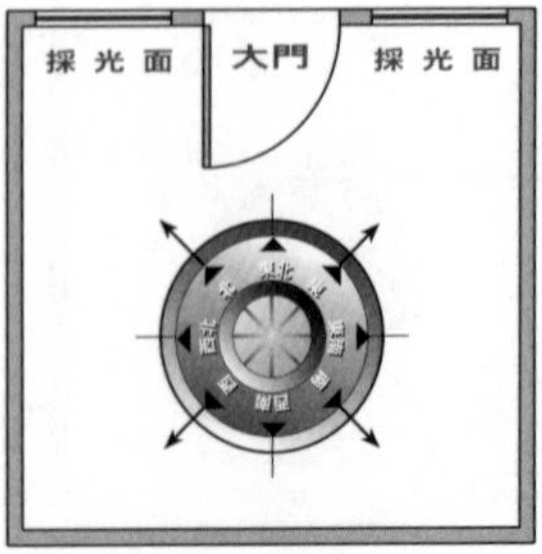

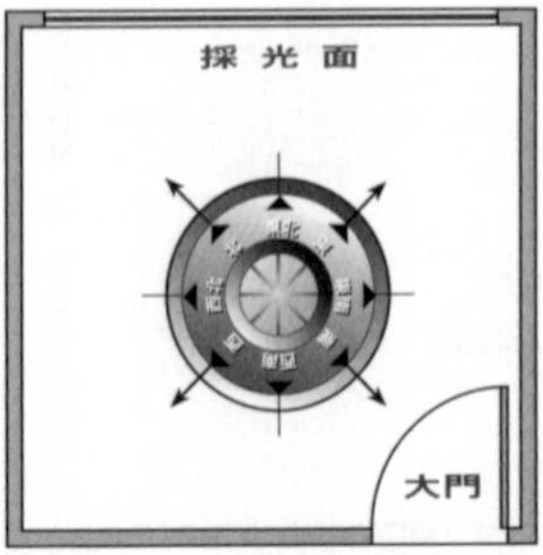

(5)大門門向是開於正北方

大門開於正北方為**洩氣方**，此方位將導致公司失財洩氣、營運困難，因無法得到旺氣，故需投注大量財力於經營事務上，但是容易有事倍功半的情形。

(6)大門門向是開於西南方

大門開於西南方為**旺氣方**，此方位能收地利之旺氣，如龍蟠虎踞吸引財富旺氣，增強招財磁場能量，達到開財致富的功效。因此可為公司引進好員工、好客戶而使生意興隆旺盛，財源滾滾而來。

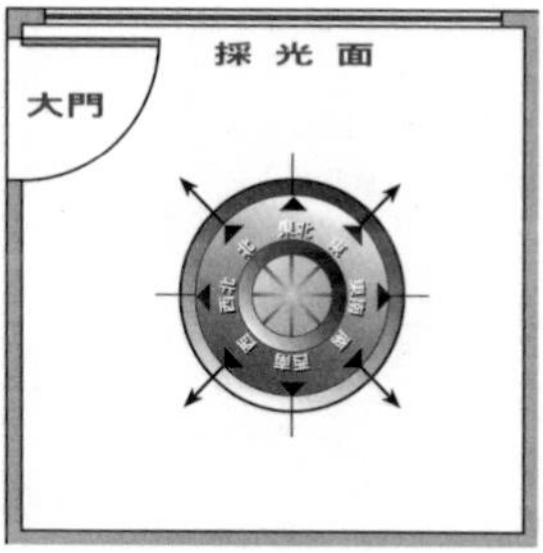

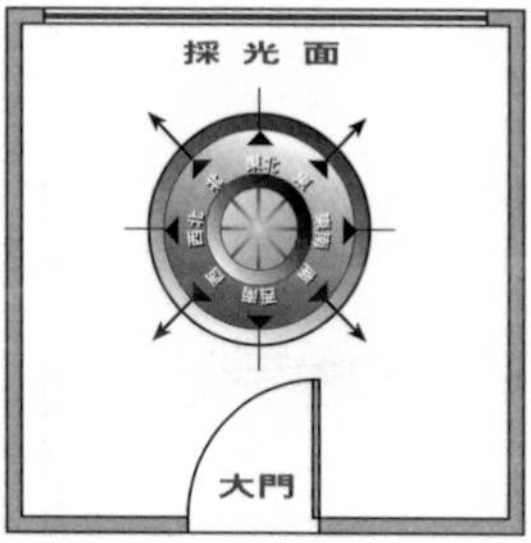

(7)大門門向是開於正東方

大門開於正東方為**生氣方**，此方位能夠得地利之幫助，開門最為吉利。如遇宅體運勢的天時，可達到財祿廣進之功效，若未遇此時亦可保本防失財。因此可為公司引進好員工、好客戶而使生意興隆旺盛，財源滾滾而來。

(8)大門門向是開於東南方

大門開於東南方為**死氣方**，此方位將使財煞之氣匯聚污穢而死氣沉沉，無法暢通。因此，影響公司生氣不振，財富不來，自然諸多計劃停擺不前而易有虧損之現象。將導致公司失財洩氣、營運困難，因無法得到旺氣，故需投注大量財力於經營事務上，但是容易有事倍功半的情形。

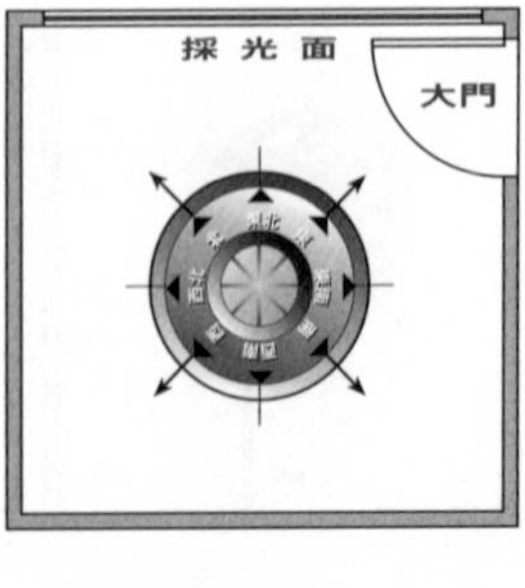

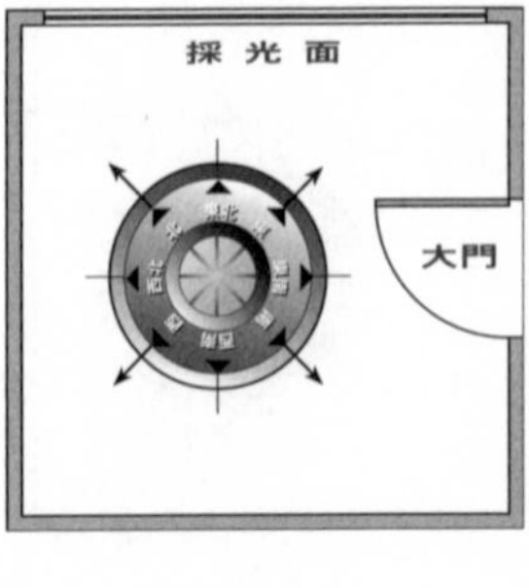

六、艮宅（辦公室的座向為座東北朝西南）

(1)大門門向是開於西北方

大門開於西北方為**生氣方**，此方位能夠得地利之幫助，開門最為吉利。如遇宅體運勢的天時，可達到財祿廣進之功效，若未遇此時亦可保本防失財。因此可為公司引進好員工、好客戶而使生意興隆旺盛，財源滾滾而來。

(2)大門門向是開於正西方

大門開於正西方為**死氣方**，此方位將使財煞之氣匯聚污穢而死氣沉沉，無法暢通。因此，影響公司生氣不振，財富不來，自然諸多計劃停擺不前而易有虧損之現象。將導致公司失財洩氣、營運困難，因無法得到旺氣，故需投注大量財力於經營事務上，但是容易有事倍功半的情形。

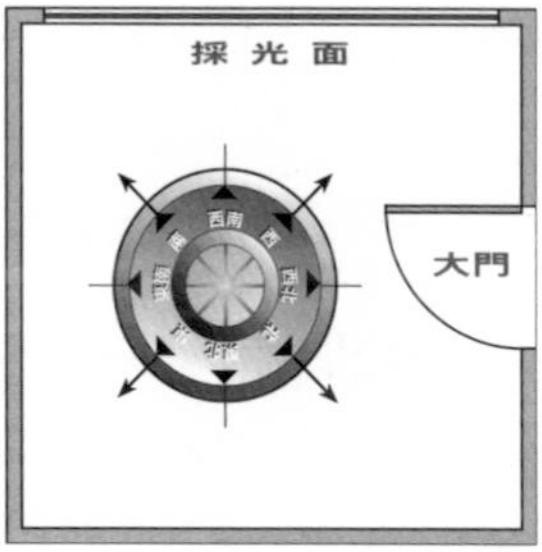

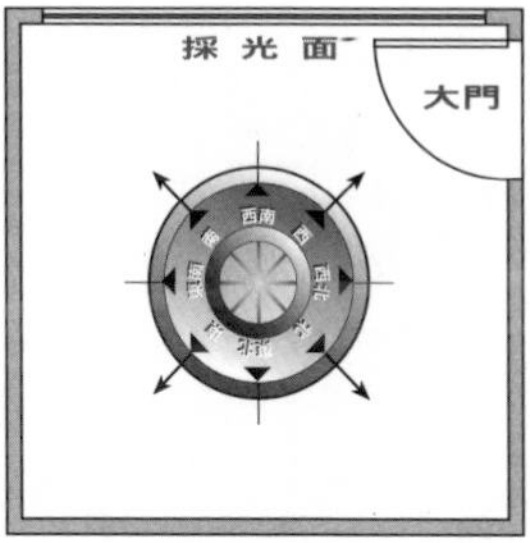

(3) 大門門向是開於東北方

大門開於東北方為**旺氣方**，此方位能收地利之旺氣，如龍蟠虎踞吸引財富旺氣，增強招財磁場能量，達到開財致富的功效。因此可為公司引進好員工、好客戶而使生意興隆旺盛，財源滾滾而來。

(4) 大門門向是開於正南方

大門開於正南方為**殺氣方**，此方位因無法得到地利之助力，大門如同虛設而財富不易凝聚，間接影響公司業績成長，容易導致功虧一饋、半途而廢。

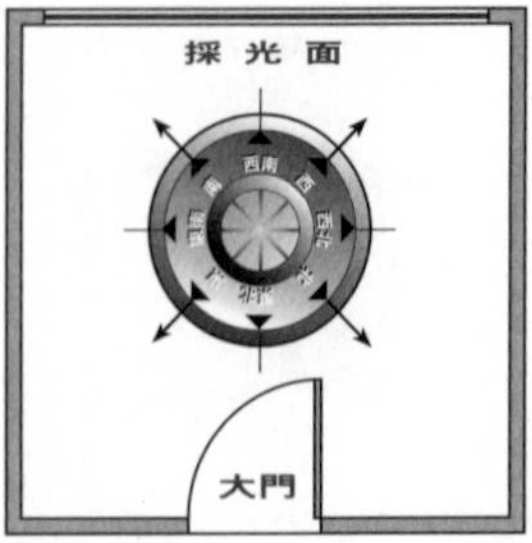

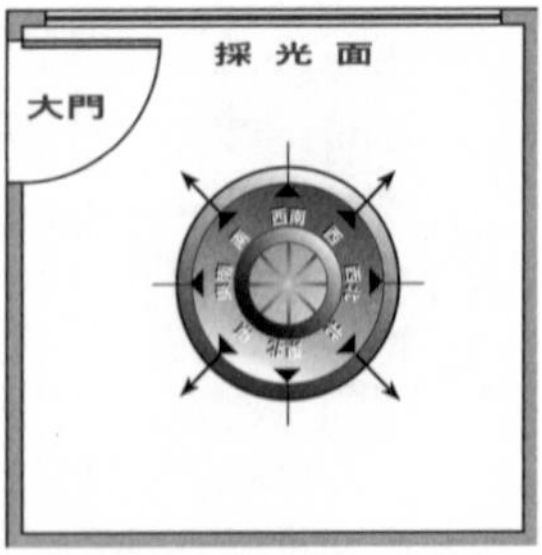

(5)大門門向是開於正北方

大門開於正北方為**殺氣方**，此方位因無法得到地利之助力，大門如同虛設而財富不易凝聚，間接影響公司業績成長，容易導致功虧一饋、半途而廢。

(6)大門門向是開於西南方

大門開於西南方為**五黃關煞方**，此方位正是出入最好之門路，可上達財星，下行寶路，使生意興隆，萬事俱足，若遇流年天星運轉至此位時，將可幫助公司業績成長，財運亨通。因此可為公司引進好員工、好客戶而使生意與隆旺盛，財源滾滾而來。

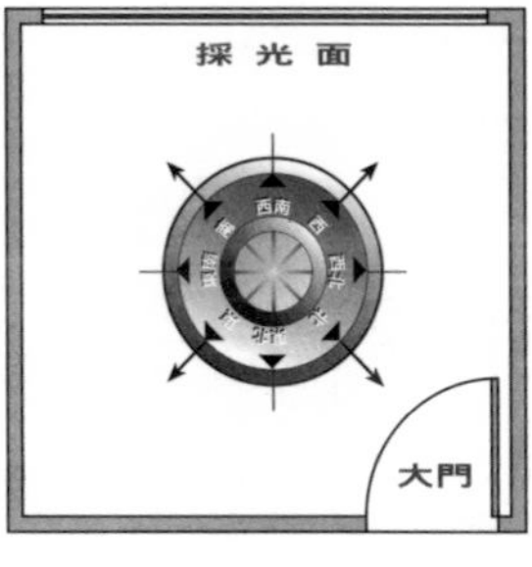

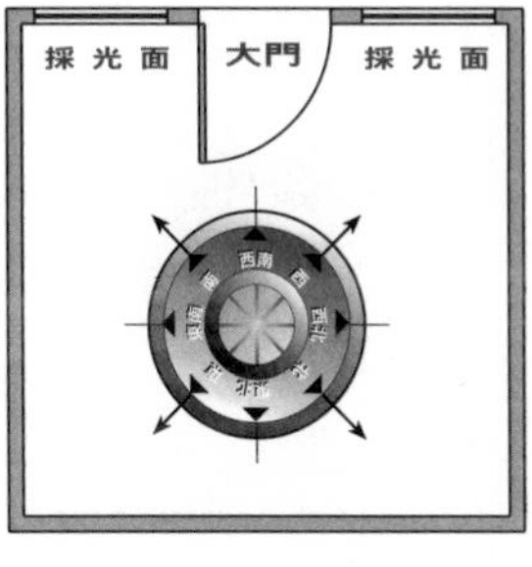

(7) 大門門向是開於正東方

大門開於正東方為**洩氣方**，此方位將導致公司失財洩氣、營運困難，因無法得到旺氣，故需投注大量財力於經營事務上，但是容易有事倍功半的情形。

(8) 大門門向是開於東南方

大門開於東南方為**洩氣方**，此方位將導致公司失財洩氣、營運困難，因無法得到旺氣，故需投注大量財力於經營事務上，但是容易有事倍功半的情形。

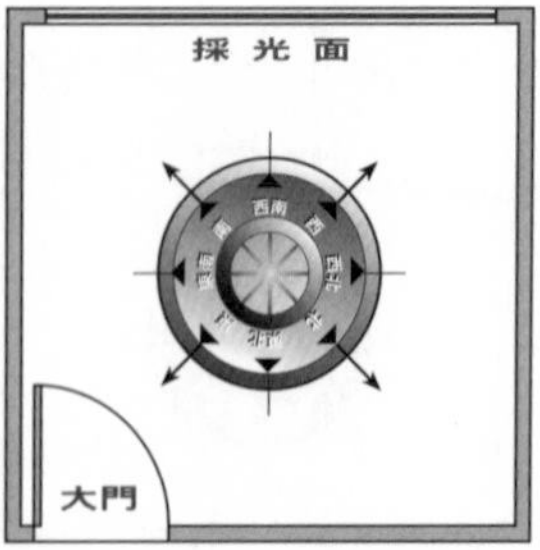

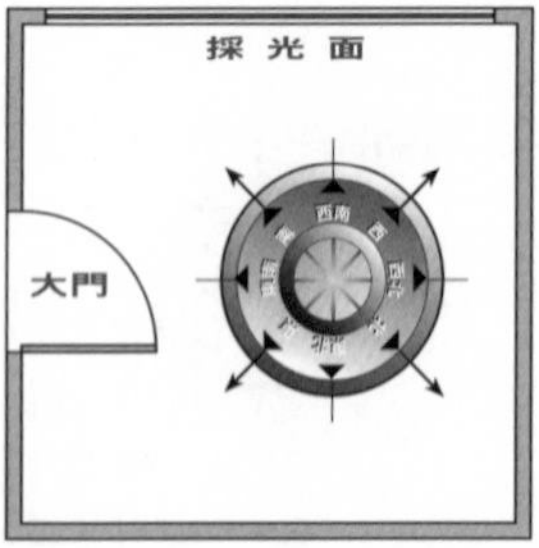

七、乾宅（辦公室的座向為座西北朝東南）

(1)大門門向是開於西北方

大門開於西北方為**旺氣方**，此方位能收地利之旺氣，如龍蟠虎踞吸引財富旺氣，增強招財磁場能量，達到開財致富的功效。因此可為公司引進好員工、好客戶而使生意興隆旺盛，財源滾滾而來。

(2)大門門向是開於正西方

大門開於正西方為**生氣方**，此方位能夠得地利之幫助，開門最為吉利。如遇宅體運勢的天時，可達到財祿廣進之功效，若未遇此時亦可保本防失財。因此可為公司引進好員工、好客戶而使生意興隆旺盛，財源滾滾而來。

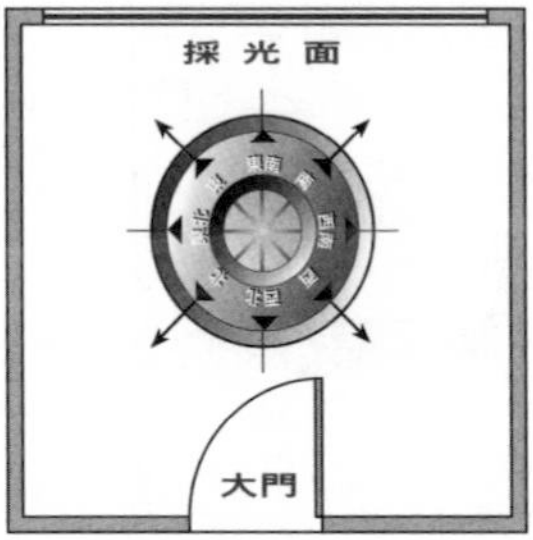

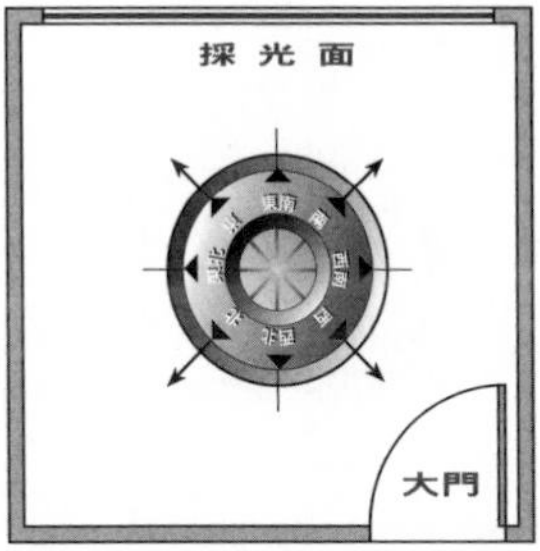

(3)大門門向是開於東北方

大門開於東北方為**殺氣方**，此方位因無法得到地利之助力，大門如同虛設而財富不易凝聚，間接影響公司業績成長，容易導致功虧一饋、半途而廢。

(4)大門門向是開於正南方

大門開於正南方為**洩氣方**，此方位將導致公司失財洩氣、營運困難，因無法得到旺氣，故需投注大量財力於經營事務上，但是容易有事倍功半的情形。

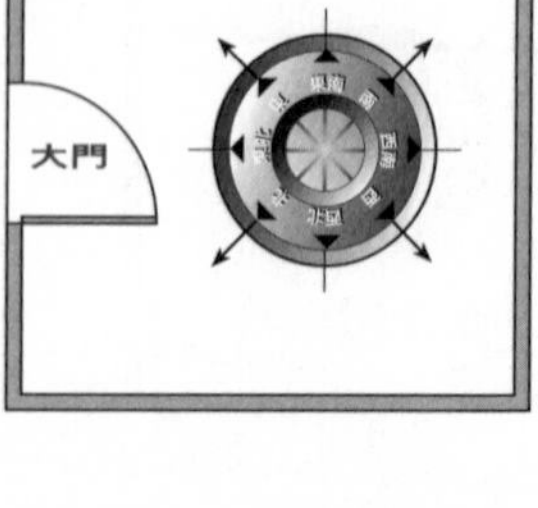

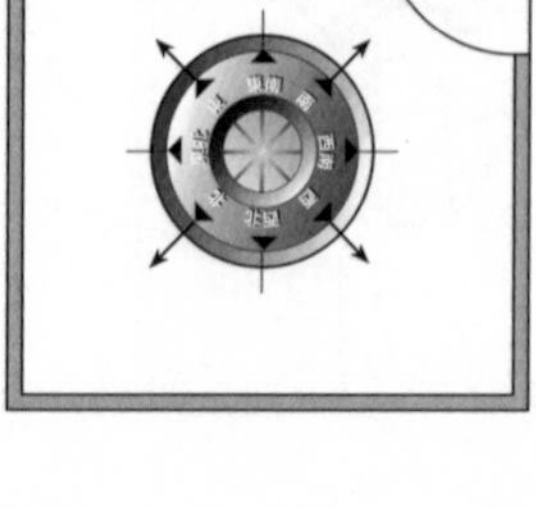

(5)大門門向是開於正北方

大門開於正北方為**生氣方**，此方位能夠得地利之幫助，開門最為吉利。如遇宅體運勢的天時，可達到財祿廣進之功效，若未遇此時亦可保本防失財。因此可為公司引進好員工、好客戶而使生意興隆旺盛，財源滾滾而來。

(6)大門門向是開於西南方

大門開於西南方為**死氣方**，此方位將使財煞之氣匯聚污穢而死氣沉沉，無法暢通。因此，影響公司生氣不振，財富不來，自然諸多計劃停擺不前而易有虧損之現象。將導致公司失財洩氣、營運困難，因無法得到旺氣，故需投注大量財力於經營事務上，但是容易有事倍功半的情形。

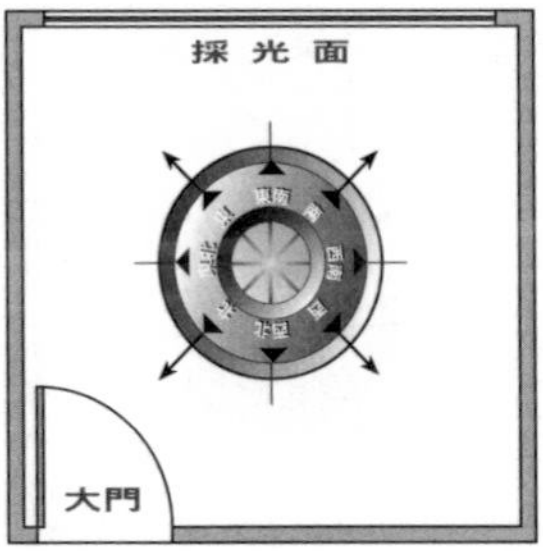

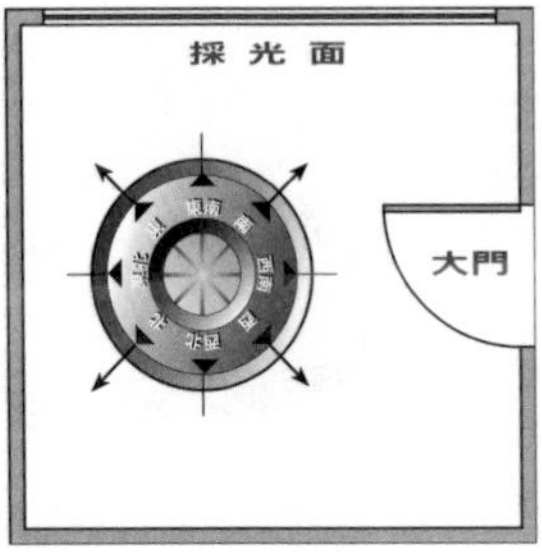

(7)大門門向是開於正東方

大門開於正東方為**死氣方**，此方位將使財煞之氣匯聚污穢而死氣沉沉，無法暢通。因此，影響公司生氣不振，財富不來，自然諸多計劃停擺不前而易有虧損之現象。將導致公司失財洩氣、營運困難，因無法得到旺氣，故需投注大量財力於經營事務上，但是容易有事倍功半的情形。

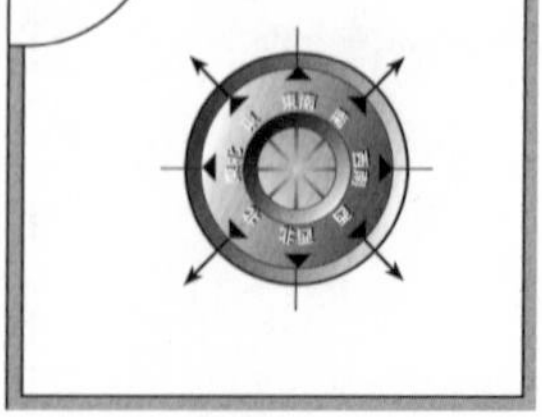

(8)大門門向是開於東南方

大門開於東南方為**五黃關煞方**，此方位正是出入最好之門路，可上達財星，下行寶路，使生意與隆，萬事俱足，若遇流年天星運轉至此位時，將可幫助公司業績成長，財運亨通。因此可為公司引進好員工、好客戶而使生意興隆旺盛，財源滾滾而來。

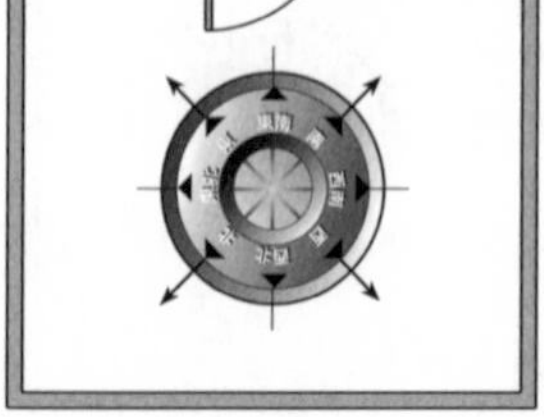

八、巽宅（辦公室的座向為座東南朝西北）

(1)大門門向是開於西北方

大門開於西北方為**五黃關煞方**，此方位正是出入最好之門路，可上達財星，下行寶路，使生意與隆，萬事俱足，若遇流年天星運轉至此位時，將可幫助公司業績成長，財運亨通。因此可為公司引進好員工、好客戶而使生意與隆旺盛，財源滾滾而來。

(2)大門門向是開於正西方

大門開於正西方為**殺氣方**，此方位因無法得到地利之助力，大門如同虛設而財富不易凝聚，間接影響公司業績成長，容易導致功虧一饋、半途而廢。

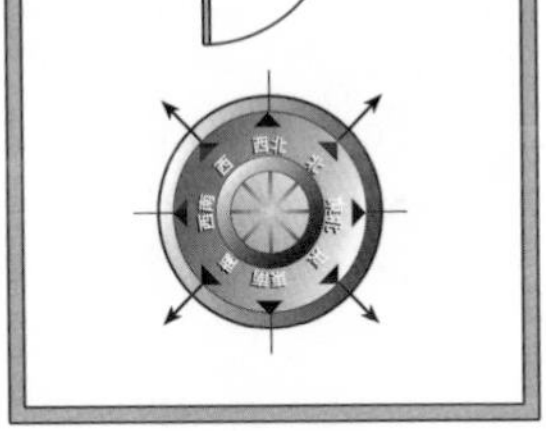

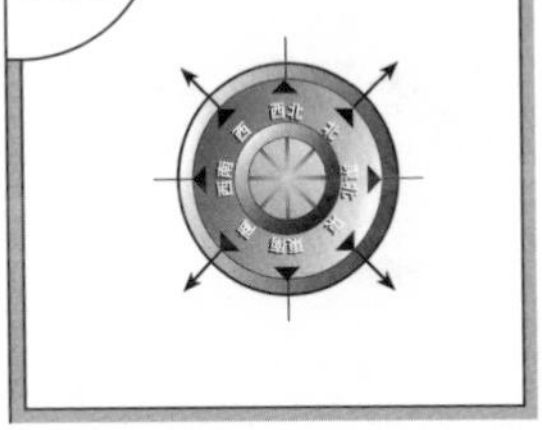

(3)大門門向是開於東北方

大門開於東北方為**殺氣方**，此方位因無法得到地利之助力，大門如同虛設而財富不易凝聚，間接影響公司業績成長，容易導致功虧一饋、半途而廢。

(4)大門門向是開於正南方

大門開於正南方為**死氣方**，此方位將使財煞之氣匯聚污穢而死氣沉沉，無法暢通。因此，影響公司生氣不振，財富不來，自然諸多計劃停擺不前而易有虧損之現象。將導致公司失財洩氣、營運困難，因無法得到旺氣，故需投注大量財力於經營事務上，但是容易有事倍功半的情形。

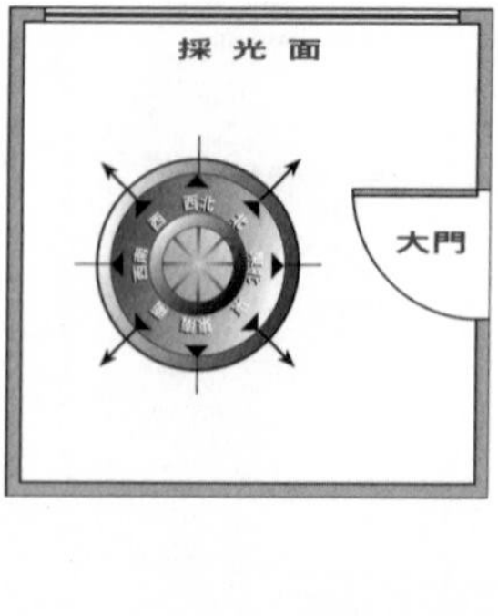

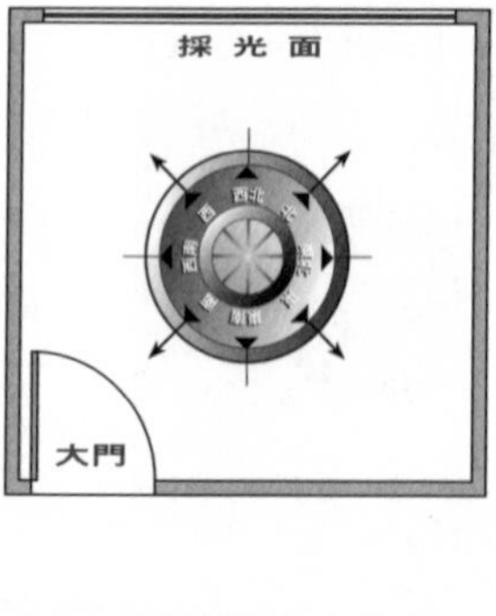

(5)大門門向是開於正北方

大門開於正北方為**洩氣方**，此方位將導致公司失財洩氣、營運困難，因無法得到旺氣，故需投注大量財力於經營事務上，但是容易有事倍功半的情形。

(6)大門門向是開於西南方

大門開於西南方為**生氣方**，此方位能夠得地利之幫助，開門最為吉利。如遇宅體運勢的天時，可達到財祿廣進之功效，若未遇此時亦可保本防失財。因此可為公司引進好員工、好客戶而使生意興隆旺盛，財源滾滾而來。

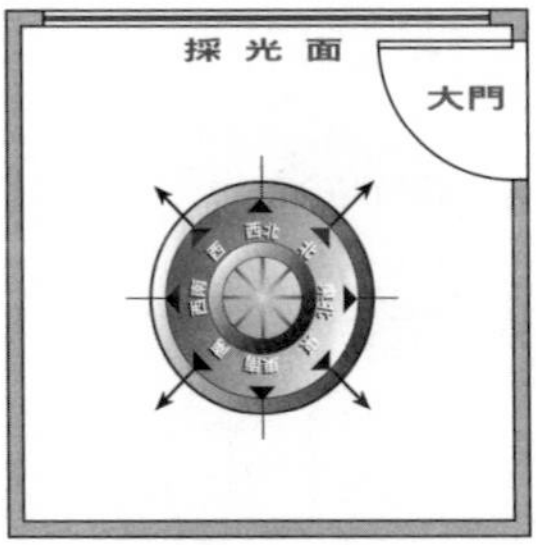

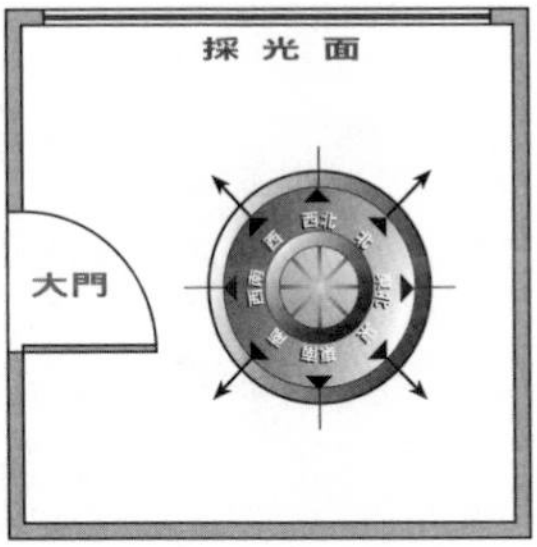

(7)大門門向是開於正東方

大門開於正東方為**死氣方**，此方位將使財煞之氣匯聚污穢而死氣沉沉，無法暢通。因此，影響公司生氣不振，財富不來，自然諸多計劃停擺不前而易有虧損之現象。將導致公司失財洩氣、營運困難，因無法得到旺氣，故需投注大量財力於經營事務上，但是容易有事倍功半的情形。

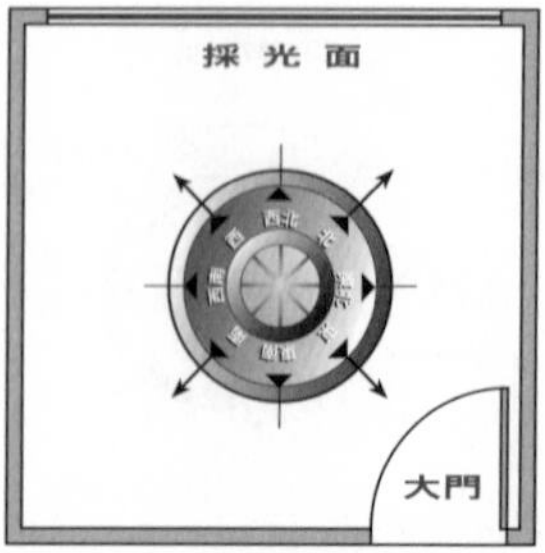

(8)大門門向是開於東南方

大門開於東南方為**旺氣方**，此方位能收地利之旺氣，如龍蟠虎踞吸引財富旺氣，增強招財磁場能量，達到開財致富的功效。因此可為公司引進好員工、好客戶而使生意興隆旺盛，財源滾滾而來。

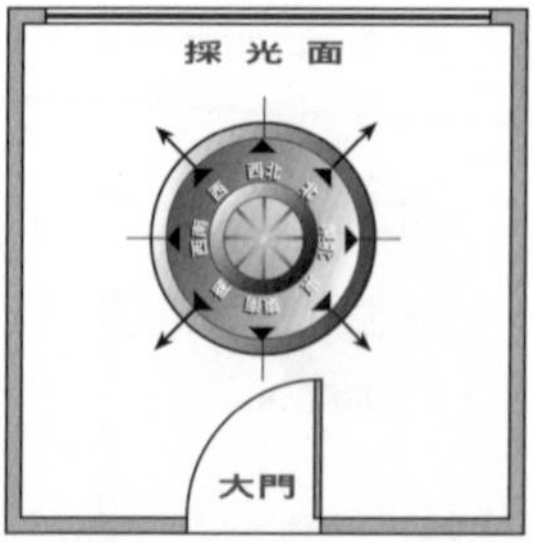

參、辦公室大門的設計重點

以往我們在討論門路的時候多半只著重於大門本身及門與門之間的相對位置，一直忽略了門向的重要性，主要是因為討論門向比較複雜因而省略不談，並非它不重要。一般而言，大門的門向一但完成就很難再做改變，若在無法更動的情況下，我們可以藉由辦公室每年的財路狀況來做修正，利用風生水起的地理能量來化解凶煞之氣，加強辦公室的招財、旺財磁場，如此便可轉禍為福。

其他有關於門路的各項注意事項，可以參考筆者拙作《居家設計快易通》，同樣的，本篇門向擇吉方法亦適用於一般居家與商家店面等陽宅建築，其他還有什麼是辦公室大門設計時應注意的事項呢？請看以下的說明。

一、與命卦的配合

瞭解了門向的重要性以及如何選擇最佳的門向之後，少數人還可能遇到一種情形：同樣一間辦公室，大門也開在此宅的生氣方或旺氣方，但是有人使用之後能夠立刻發大財，交由他人使用之後反而不斷地洩財，諸如此類的事情仍是偶爾會發生的。追根究底，真正的問題並不是出現在辦公室本身的門向方位亦或風水的好壞，很可能是主事者的命卦與辦公室的座向不合所致，關於這一點，筆者曾在拙作《居家設計快易通》中解釋過個人命卦與陽宅坐向的關係（請自行參閱）。

因此，當您要著手規劃辦公室大門方位的時候，除了參考上述八宅九星生旺殺洩論所推算出來的吉方位以外，最好還能配合主事者的命卦，以及流年的大吉方位，三者若能完全契合，那這必定是一間能發大富貴、進大財的辦公室。

二、門的大小尺寸

門的大小有一定的尺寸，最好能夠符合文公尺（魯班尺）中的吉祥尺寸為佳，至於門的比例，則必須考慮整個辦公室的大小及門面的大小來作考量，以大小適中為佳，勿以為設一扇「大」門可以讓公司看起來更氣派，其實這是非常錯誤的觀念，門是納氣之口，也是進財的通道，口大當然有利於進財，但相對的也不容易留住來財，所以設置過大的門路，錢財會有大進大出的現象。

如果是一間大公司，卻只開了扇小門，同樣也是不理想的狀況，一來給人感覺這間公司作風保守、不會有大作為，內部人的心胸氣勢不夠大，會有小家子氣之處事態度，二來小門也會阻礙到進財的狀況，產生營運不佳、接不到訂單等現象。

三、門要開在左邊還是右邊？

若是在連棟式的建築，能開設大門的就只有一個面，至於大門要開在哪個位置？根據傳統的說法是必須開在房子的「左青龍」邊（人面對門外的左手邊），而「右白虎」邊則避免開門，所謂「青龍宜動、白虎宜靜」，大門開在龍邊主招財納福，若開在虎邊則容易產生是非。

這是古代人的說法，並不一定正確，若根據風水的理論來分析，還是以房子的座向來找出最合適的門路方位為佳，住家則以命卦來配門路為吉，一般而言，大門開在正中間應該都沒有太大的問題。

四、最忌兩門

一個辦公室進出的大門須以單一出入口為吉，若一間辦公室有兩道大門的進出使用，則主這間辦公室的內部或成員派系分歧、口舌是非不斷，員工在外處理業務則會有爭訟之慮，公司業務方面的口舌是非、官訟以及受外在其他同行的惡意中傷會不斷。所以有兩道大門在供人員進出之時，應封掉一門，或者應將辦公室隔成兩間各自獨立的空間來使用。這種有兩個門的辦公室大部分是因為一間辦公室空間不夠用，然後正好隔壁的房子能租下或買下，因而就將牆打通，而進出之門卻沒有更改所形成。

筆者碰到過很多這樣的朋友，原本公司經營得不錯，擴展到使用空間已不夠使用的情形，後來打通隔壁房子為同一間辦公空間，在很短的時間內，整個事業就產生了障礙，才會特別找到筆者為其服務。在此建議老闆朋友們，在你要拓展辦公室空間發展事業領域時，應請大師作整體規劃，提供客觀的意見作參考，以客觀的意見再加上主觀的看法，作適度調解，讓其合乎中庸之道。

五、前門是否與後門直通？

這就是一般陽宅所謂的穿堂煞，主大破財，因為進財即出，根本無法聚財，也代表易有血光之災。但是現在大樓辦公室有後門的並不多，有些人會以為如此就沒有穿堂煞的問題，其實不然，只要是房子的兩端有對外的氣口直通都視為穿堂煞，所以大門若對到採光面的窗子也算是穿堂煞，這點請大家留意。辦公室只要在玄關的位置增設屏風來阻隔，便可完全化解穿堂煞的問題（此部份內容請參閱第三篇玄關與櫃台設計）。

六、大門門面是否乾淨整潔？

門面是一家公司或店面給顧客的第一印象，因此大門必須時時保持整潔如新，招牌若有髒污或破損，必須馬上更換或修補。門前不要堆置雜物，也不要停擺汽機車，更不要擺放垃圾桶，要保持大門空氣的清新與流暢，若要加點裝飾，大門兩旁可擺放綠色盆栽，多餘的物品能免則免。

七、大門是否對到電梯口或樓梯口？

辦公室的大門不論是對到樓梯或者電梯口都不好，一般大門出來之後，不要直接對著下樓的樓梯緣，樓梯下來如果沒有一個大一點的空間，氣場會馬上流失，不會停留，氣若散掉，代表財的耗損，所以大樓辦公室的大門，不喜歡與樓梯距離太近。若有這種情形，空間如果夠的話，可以在下樓梯的前方位置，做個屏風擋掉，如果空間不夠，可擺圓形大花瓶，讓這個氣場有迴流，氣如果出去，碰到物體能回流，氣就不會流失掉。

大門若開門向電梯，依風水學上來看，電梯就如同一隻老虎蹲在辦公室門口，甚至會帶給在這裡辦公的人有意外發生的現象，公司的財祿也會不穩定，因此必須要在門口掛水晶球，但此水晶球必須是要有特殊切割面的水晶球，讓電梯開關之氣與水晶球之間有反射，才能讓我們平安。

如果大門外同時有樓梯和電梯，二者之間常常會形成一個直角正對門心，若有這種情形公司的財務必定會出狀況，員工工作會發生意外，只要在二者所形成的直角擺上盆景，就可以化解此沖煞。

八、大門前應儘量避免的事項

(1)辦公室大門前不宜有電線桿或圓柱立於大門正前方，主氣會有反射的情形，代表著出入意外會較多，員工健康較會受影響。

(2)辦公室大門前不宜面對亂石，主會帶給員工的建康受影響，尤以南方的亂石最為明顯，員工的眼睛大部份都有問題。

(3)辦公室大門前不宜面對教堂之十字架，主員工會有惡疾、血光多。

(4)辦公室大門前不宜面對煙囪，主會讓給員工及老闆，時有嘆氣之行為。

(5)辦公室大門前不宜面對其他建築物的牆角，主員工意外血光，每逢天星合到煞方，則內部血光頻傳。

(6)辦公室大門前不宜面對到其他建築物的簷頭，主公司內部會有鬧鬼現象，員工心態較會有神經兮兮的情形。

(7)辦公室大門前不宜面對廟宇大門，主煞氣來沖，主事業破敗，公司團隊精神差，員工士氣渙散。

(8)辦公室大門前不宜面對前方高聳的山峰或具壓迫感的大樓，否則事業難有突破，且常會有瓶頸的壓力，對健康以及財利均不吉利。

(9)辦公室大門前不宜對著有盤藤之樹，主進出遇糾纏之氣，主陰氣過盛，所以會有憂鬱之心態，員工心結放不開，出外辦事常有節外生枝之現象。

(10)辦公室大門前不宜面對死巷之尾端，主死巷無氣，公司事業較為封閉，無法施展，會有有志難伸的情形對應。

(11)辦公室大門不可對路沖，這代表宅之氣外洩，在風水學上為空亡迴風煞，因此會帶給公司退財及是非意外。

【化解方法】

大門的沖射中心必須以其五形體來化解煞氣，在化解的方式中，有水晶球、風鈴、樹木、水缸、劍、簫、八卦鏡、凸透鏡、凹透鏡、山海鎮、銅鈴、麒麟、銅龜等等。祇要配合沖射的方位來量定五行體，用相剋的原理，就能化解掉。如東方木的角度沖射，則應以金來剋木，採用金屬製的制煞物。西方金的角度沖射，則應以火來剋金，則以陶製的風鈴或獅頭來制化。南方火的角度沖煞，則應以水晶球、水缸、八卦鏡來制化之。北方水的角度沖煞，則應以土製風鈴、雙獅鎮守來制化。東北方的角度沖射煞氣，則應以簫、木劍、山海鎮、盆景樹木來制化之。東南方的角度沖射煞氣，則應以金屬風鈴、銅鈴、凸透鏡、劍等金屬製品來避煞、制煞。西南方的角度沖射煞氣，則應以簫、木劍、山海鎮、石獅子、盆景來避煞、制煞。西北方的角度沖射煞氣，則應以陶製風鈴、石獅子、凹透鏡來避煞之。

大體上若無法確實掌握方位五行，則以水晶球來避煞最為理想，但是水晶球非純圓形的水晶，而是有切角的水晶為最理想，因為他能有很多的橫切面來反射外來沖射之光體，氣就是一種光體，以氣來戒氣是宇宙自然體的相剋原理。另外也可用水缸之水，水缸之水會有水氣上昇，其制化力非常強，就如同百貨公司的大門風閘一樣的戒除掉冷氣與熱氣的對流。另外像七十二地煞鎮宅盤、廿八星宿鎮宅盤等由老祖宗所傳下來的鎮宅法寶，也是既簡單又有效的擋煞工具，大家可以多多利用。

第三篇

玄關與櫃台設計

◎玄關是第一印象

◎玄關的裝潢原則

◎設立服務櫃台

◎玄關的風水佈局

談完大門之後接著談談玄關，玄關對一棟房子來說，是一個很奇特的空間，它不像大門一樣是房子的門面，又不像任何室內空間有各自的功能性，一般觀念上，玄關只是過渡的空間，就像人體的喉嚨一樣，既不像嘴可以咀嚼，也不像胃可以消化，它只負責輸送食物，所以大家都忽略了它的重要性。

大門是陽宅的第一道納氣口，而玄關則是納氣口的第二道關卡，就如同人的喉嚨般，如果喉嚨出問題，嘴巴再好、胃再健康也沒用，玄關是氣場進出這個房子的轉氣空間，也是送入與送出的重要部位，因此玄關的重要性等同於一個公司的門面，一般人進到公司的第一印象不是你公司的大門長什麼樣，而是玄關長得什麼樣，所以必須注重玄關的氣勢和氣流的轉動原理，如此才有利於內部的和諧和員工心態的轉化。

一、玄關是第一印象，裝潢不能省

進入大門之後，人們第一個接觸到的空間就是辦公室的玄關，換言之，玄關是外人對這間公司內部所產生的第一個印象，因此千萬不要將玄關視為一個無用的地方，相反的，玄關其實就和大門一樣，都代表著這間公司的「顏面」。對於經商的人而言，第一印象是很重要的，就算公司本身再有實力、規模再大，如果設計了一個寒酸、簡陋的玄關，或甚至一進門就看到雜亂無章的大辦公區，就會讓顧客對您的公司產生疑慮，甚至會有負面的評價。

因此，你會發現規模越大的公司會將玄關

設計得越豪華，什麼百萬古董、千萬名畫，不放在保險庫裡而是放在最明顯的玄關或會客廳來展示，其目的就是要展現自己雄厚的實力以及留給每位上門的客人一個好印象；某些大企業、大集團甚至以寬闊宏偉的大廳來取代玄關的位置，更能表現出公司的氣派與財力，只要讓顧客留下良好的第一印象，就會對您的公司產生信賴感，生意自然順利到手。

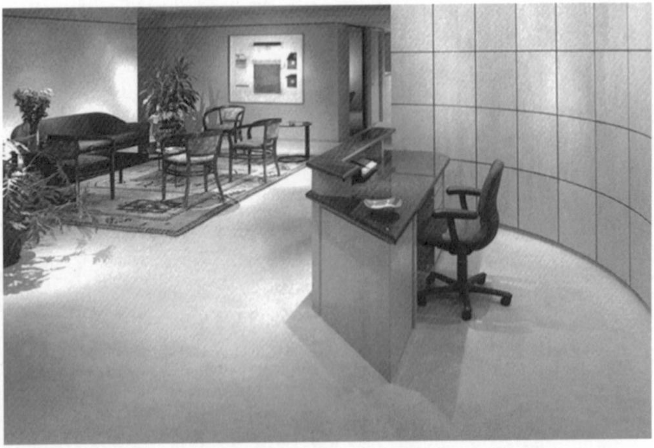

二、玄關的裝潢原則

既然玄關給人的感覺如此重要，這麼一來是不是只要將裝潢的重心放在玄關就好了？做出一個漂漂亮亮的門面出來，就可以勝過一切？這也是錯誤的觀念。

風水學中十分講究「中庸原則」，所謂過與不及都不是好的現象，所謂「中庸」，講白一點就是「比例原則」。我們在談大門設計的時候曾經說過，門的大小必須與陽宅使用面積呈適當的比例，大房子可以設計一個大一點的門面，小房子則不宜把門開得太大，玄關的設計也是一樣。

雖然說玄關是每個人進門之後第一個接觸的地方，卻不是「唯一」接觸的地方，顧客進入玄關之後，可能還要進入到公司內部的會議室，可能還會途經大辦公區等場所，試想，如果您將玄關打造得富麗堂皇、氣派萬千，讓顧客產生極佳的第一印象時，接著再讓他們看到雜亂、狹隘、寒酸的辦公區時，顧客的心中會有什麼想法？這一來一往之間心中的落差極大，任何人都會有這樣的懷疑：這家公司是不是虛有其表、只會做表面功夫的空頭公司？如果客戶這麼想，這筆生意就難再談下去了。

因此，玄關的設計儘管重要，但卻不要顧此失彼，公司有多大的規模就規劃多大的玄關，玄關中也不一定要搞得金光閃閃，到處古董字畫的。

(1)一般而言，簡潔、大方、整齊、樸素、不花俏的玄關設計會讓人覺得公司有朝氣、有活力、有秩序、講求效率、值得信賴，最適合電子、機械、經貿、建築等公司。

(2)高貴典雅、精緻、線條柔和、講求氣氛的玄關設計，往往給人沒有壓力、容易親近、身心舒適的感覺，適合服務業、女性兒童用品業、藝品業來採用。

(3)獨特、創意、俏麗、活潑、充滿驚奇的玄關設計，適合從事流行商品、經營年輕族群、從事創意工作的公司來採用。

所以玄關的設計並非是一成不變的，除了規模大小要考慮之外，玄關設計的風格與特色也最好能與公司所經營的項目完全契合，如此才能得到相得益彰的效果。

三、設立服務櫃台

一般公司行號的玄關位置都會設置一座服務台，有人請警衛駐守，也有人是將公司的總機小姐擺在這個位置，如果是規模大一點的公司，就會有二到三名的客服人員在此處隨時供您差遣。服務台的位置點很重要，因為任何外來的人員第一個要接觸的可能就是櫃檯的服務人員，所以要將服務台放在整個玄關或進門大廳最醒目的位置以方便尋找。

至於服務台要放在玄關的哪一個方位？

(1) 一般玄關服務台的位置，最好是面對大門而設，空間夠大的話，就在服務台後方置公司商標或名稱，以顯貴氣。

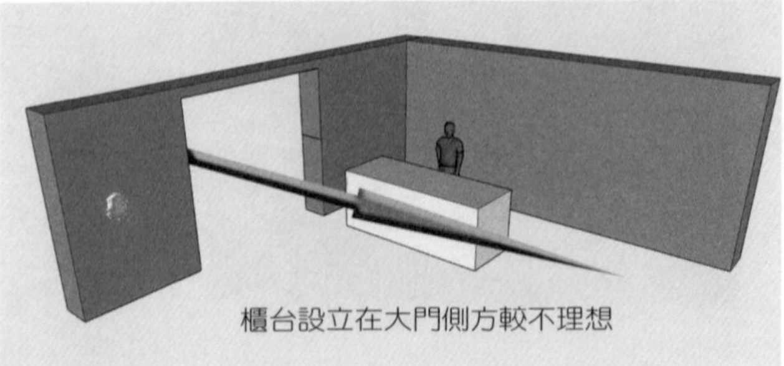

櫃台設立在大門側方較不理想

(2)服務台較不宜入門的側方，因為側方並無法阻擋住外來的雜氣，氣場必須是一種迂迴的情形才可論之為吉，若是直沖而來之氣場稱為煞氣，服務台可過濾不必接見或不想接見的客戶，服務台若設置在側邊時表現會較弱，因為是直穿入室的關係。

(3)有些玄關是屬於狹長形的，硬要將服務台設在正對大門的位置似乎有困難，於是會將服務台擺在進門的兩側，至於是要擺在大門的右側好還是左側好？那就要看陽宅內部整體的動線設計而定。

(4)通常進門面對玄關的大面牆上，都會將公司名稱或是公司的商標放大擺在這個位置上，讓人一進門就能感受到不同的氣氛，有些規模較小

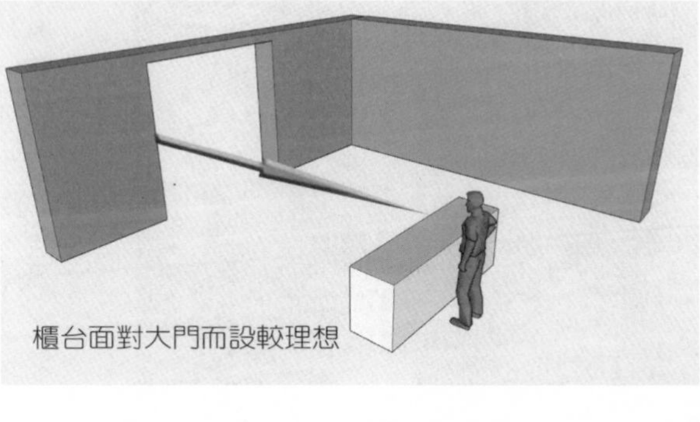

櫃台面對大門而設較理想

的公司沒有這面阻隔的大牆，建議在此處設置一面大屏風，其用途就是區隔內外，但這面屏風建議採用密實的材質，如木板、水泥磚牆等等，比較不建議採用透光度高的玻璃材質，特別是完全透明的玻璃，其原理就像一般居家為了要阻隔穿堂煞所設的屏風一樣，不要讓人家一進門就將辦公室內一覽無遺。若為求美觀而採用玻璃或纖維材質的屏風者，建議改用不透明霧面磨砂玻璃，前方還可以打上公司的名稱和商標，便可達到與一般屏風相同的效果，但有犯穿堂煞之辦公室仍不宜採用。

四、玄關的風水佈局

(1)以寬暢明亮為原則

一個大公司就必須擁有一個豪華的玄關，以及導氣的服務台，小公司則能利用入口的光線，來吸納旺氣，能有服務台的空間，就必須設立迎客的門面玄關，這就如同伸出雙手來擁抱來者，表示一種熱誠，進門的轉氣玄關若有壓迫的現象，表示員工心態有陽奉陰違之情形，好的員工較無法留住，必須改以寬暢明亮的玄關空間為主體設計。

(2)有區隔的屏障

在大門與大辦公區之間的玄關位置最好能增設屏風來區隔，玄關就像人的喉嚨，在玄關設置屏風來區隔內外，就好比咽喉中有一個喉結，它的功用就是在控制與調節進出人體的食物，如果人沒有喉結，就無法阻擋任何進入口腔的物質，也無法留住已經吃進肚子裡的東西，因此對於一般的辦公室陽宅，筆者都會建議要好好的設計自己的玄關，將內外作一個完全的區隔，才不會有以上的問題產生。

從風水的角度來分析，如果辦公室不在玄關設置屏風，氣一進門就直通大辦公區，即便沒有穿堂煞的問題產生，也無法將氣留在陽宅之內，氣會在陽宅內迴轉一圈之後，再由大門直洩而去。用比較簡單的比喻來說明，犯有穿堂煞的陽宅就像破了洞的水壺，水再怎麼灌也灌不滿，所以是屬於洩財的格局；而門戶大開的設計則像是沒有蓋子的水壺，水不停的往裡面倒，但是水滿之後仍舊會從壺口不斷的溢出，所以對於財運而言，是屬於大進大出的格局，雖然公司會有進帳，但開銷也會很大，根本無法真正賺到錢。

(3)擺放導氣的物體

如果玄關沒有服務台的設計，最好是在玄關位置，擺設圓形之花瓶為吉。或許有人會問：既然玄關是導氣的通道，保持玄關的通暢性應該才是最重要的，為什麼還要在玄關花心思？又是設屏風、又是擺花瓶的，豈不是阻擋了氣的流通？其實我們是藉圓形之體來導氣入宅，氣場流到此處能靠圓形花瓶的幫助產生迴旋加速，就如同一個馬達在打水般，必能助入口之氣的運行。

(4)增加吉祥的裝飾

在玄關入口的位置，若能在其牆上掛上吉祥字畫，也能帶給整個公司祥和之兆或招財之兆，筆者所設計佈置的一些大公司當中，都會在公司玄關的位置擺上代表招財進寶的風水吉祥畫，商家大部份都有得到非常大的財運吉祥徵兆，所以在此提醒你，玄關位置掛上招財進寶圖等風水吉祥畫是不可缺的一項寶物！另外，在玄關位置也忌諱太過凌亂的擺設，會帶給公司制度亂無章法，要增加擺飾的話，不妨找些能幫助招財進財的聚寶盆、招財盤，不但美觀而且還能讓財氣旺旺來！

(5)玄關擺水不一定招財

有些企業或許是為了美觀，也或許認為水能招財，所以喜歡在玄關擺個大水族箱，以美觀的角度來說當然是不錯，但以風水的角度來分析不一定完全正確，還要看玄關的位置而定。

若是玄關的位置正好是辦公室的財位，擺個大魚缸當然是絕佳的設計，特別是辦公室的坐向若為乾宅（座西北朝東南）或巽宅（座東南朝西北）時，這兩個坐向的房子屬於五鬼運財的格局，如果房子的正前方有擺水，就叫五鬼臨門運財來，如果不擺水就叫五鬼臨門帶財去，所以玄關位置若正好在房子的正前方時，一定要擺水，擺個大魚缸既美觀又旺財！若是其他坐向的房子就要看方位了，魚缸擺對財位才有幫助，若是擺到了洩財位，不但招不到財反而會加速洩財的能量，若是擺到桃花位，公司內部的桃色緋聞必定不斷！所以在擺水的時候要先搞清楚辦公室的財位和洩財位再著手。

(6)玄關擺鏡子的禁忌

常看過有些公司會在玄關正對大門的牆上裝設一面鏡子，鏡子在風水上的用途一般是拿來擋煞用的，例如某些有外煞的辦公大樓會將整個外牆設計成鏡面玻璃，可以幫助擋煞，但是公司在進門玄關擺設大面鏡子，有排斥客人的意味，把煞氣和生意都一起擋掉了，故不喜歡鏡子對外直照，側照則無妨。如果在公家機關的玄關擺大鏡子是好的，它代表明鏡高懸，可吸納吉氣，亦可排除煞氣，兩者性質不同，不可混為一談。

(7)座位不可直對大門

大門是一間辦公室的進出氣口，所以氣場的對流最為旺盛，如果玄關沒有任何屏障，而你的座位正好對著大門，就會受到氣場的影響，思緒會變得比較紊亂，情緒也會較不穩定。可以將座位往旁邊挪開，若不能移動，可以在座位前用屏風或資料櫃來擋住煞氣，但屏風不能太低也不能鏤空，否則還是沒有用的。

第四篇

主管辦公室的擇定與設計

◎董事長室的選定

◎董事長室的規劃重點

◎財務室的擇定

◎企劃部和研發部的辦公室擇定

◎內勤人員的辦公室擇定

◎業務人員的辦公室擇定

◎辦公室的裝潢通則

一、董事長室的選定

一個公司要有好的發展、有前景，領導者佔了決定性的關鍵，因為公司與領導者的關係就像身體和大腦一樣，身體要往哪裡移動、做什麼動作，全取決於大腦的決定，而公司的經營策略、未來發展計畫等等，也都決定於領導者的一念之間，因此如何給領導者一個能幫助它思考謀略的空間，就是辦公室在規劃時最重要的關鍵之一。

要將公司領導者的位置規劃在辦公室的哪個方位呢？一個公司的領導者必須坐於辦公室的財位之上，坐於旺氣的財位，才能給這個領導者有整體的領導統馭能力，也能讓領導者思緒判斷較為正確，做出一些真正有利於公司發展的正確決策，將公司帶領到一條賺錢發財的道路上。

董事長室的方位擇定：

北（向）

南（座）

座南朝北的房子，必須以正南方及東北方的卦位為董事長室。

南（向）

北（座）

座北朝南的房子，必須以正北方及西南方的卦位為董事長室。

東（向）

西（座）

座西朝東的房子，必須以西北方及東南方或正南方之卦位為董事長室。

西（向）

東（座）

座東朝西的房子，必須以正東方及西北方的卦位為董事長室。

東北（向）

西南（座）

座西南朝東北的房子，應以正東方及西南方的卦位為董事長室。

西南（向）

東北（座）

座東北朝西南的房子，應以西北方及東北方的卦位為董事長室。

東南（向）

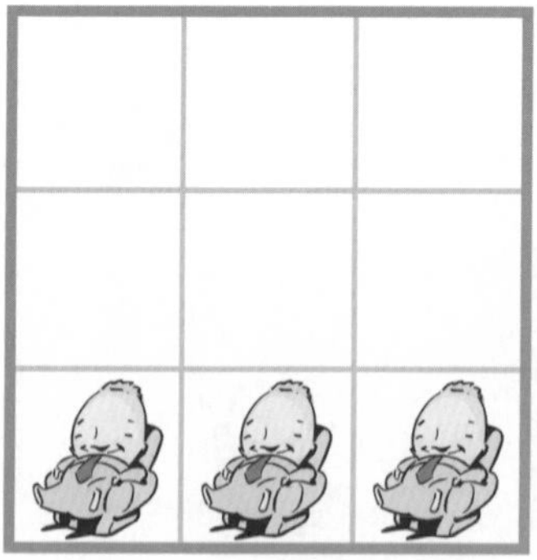

西北（座）

座西北朝東南的房子，應以正西方及西北方和正北方的卦位為董事長室。

西北（向）

東南（座）

座東南朝西北的房子，應以東南方及西南方的卦位為董事長室。

以上所講的均是每一種坐向辦公室的財位，只要能善用財位，就可帶來好的財氣，一般公司裡的配置有董事長室、總經理室、主管室，若一間辦公室內能善用兩個以上的財位，公司必定會有很大的成長空間。

二、董事長室的規劃重點

(1)東西方辦公室格局的差異

辦公室在格局規劃之前，先要了解，你的辦公室是位於西方（歐美），或者位於東方的土地上，東西兩方的五行磁場不同，故在陽宅的格局規劃也有不同的地方，尤其辦公室的隔間規劃設計更有不一樣的五行，我們必須探求其根源。

五行木的東方人，它的個性處事為被動性，而五行金的西方人，他的個性處世為主動性。因此，兩個地方的人性就有所差異，所以在考慮空間格局規劃，也必然要配合其五行屬性，才能達到盡善盡美。

辦公室的主管位置，大多會有隔間的情形，讓個

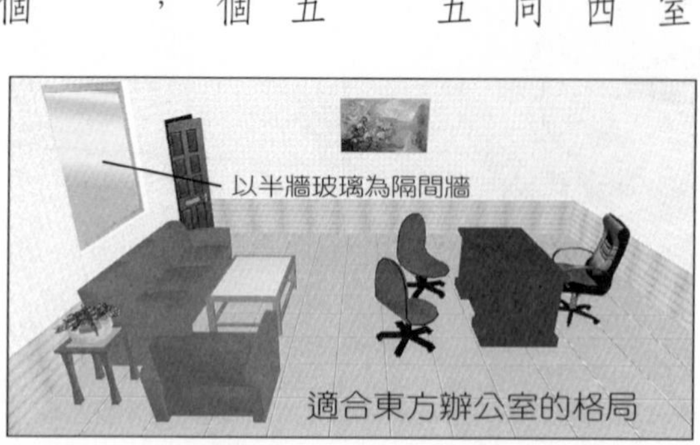

適合東方辦公室的格局

人獨立的隱密空間，此時若在東方的國家，則其所隔間的內部牆，就不宜緊密，應以半牆玻璃為隔間牆，以期能有穿透性，方能帶給內部員工有壓力作用，才不致於有混水摸魚的時間觀念，但主管的桌子就必須有密閉的櫃子，不宜學歐美的辦公桌只有桌面一塊板子，其餘都是鏤空的桌底。

在西方國家的辦公室隔間就與東方國家有相反的格局導向，應該在隔間時，使用密閉的牆面隔間，但所使用的辦公桌規格，就必須以平板而全部鏤空無抽屜的辦公桌，置物都以其它邊櫃為用。

適合西方的格局

東方人處事都有自掃門前雪，莫管他人瓦上霜的理念，混水摸魚的心態很重，故就必須以監視作用的格局規劃，但個人的職位權責已經到了不須自己事必躬親的規模時，則也能採西方的辦公室隔間規劃。

(2)辦公室的空間大小

經常在西洋電影裡看到這樣的場景，公司董事長好像都擁有一間超大的豪華辦公室，董事長辦公室的大小雖然沒有一定的標準，但是建議最好還是能秉持中庸比例原則，也就是多大的公司規劃多大的辦公室，大公司規劃小辦公室給人感覺寒酸、主事者做事缺乏魄力、目光短淺等直接印象，而小公司規劃大辦公室則給人感覺主事者虛有其表、喜歡擺闊而無真材實料，這兩種規劃方式都不恰當，客戶很可能因為這種錯誤印象而不敢將生意交付給你，所以最簡單的原則就是大配大、小配小。

另外，辦公室使用空間的大小也代表著這個人在公司的身份地位與重要性，同樣是主管辦公室，空間的分配就要與個人的位階成正比，也就是說，董事長的辦公室就要大於總經理辦公室、而總經理辦公室又要大於經理辦公室，依此類推，若是小主管的辦公室都比一級主管的辦公室大，代表公司可能有越俎代庖、下屬不聽使喚的情形。

(3)主管辦公室內是否有廁所？

有些主管為了突顯自己的氣派，會要求在自己的辦公室內設置一間專屬的洗手間，不過，這對長期在這裡面工作的人而言，卻有很不好的影響，因為廁所是一間辦公室穢氣聚集的場所，應該要遠離人們工作的環境越遠越好才對，更何況是設在空間比較狹小、且空氣流通性較差的主管辦公室！就算廁所的門沒有正對工作者的辦公桌，但其穢氣也會在空間中瀰漫，無形之中影響到人的健康與運勢。若要做個洗手間，建議應該以有個休息的大空間內設計較為理想。

(4) 辦公桌旁設置洗手台

少數主管辦公室雖沒有另闢廁所空間，但卻在辦公桌旁設了一座洗手台，多了一座洗手台雖然方便許多，但卻是很不好的設計，因為水代表財，洗手台的水是不斷往外流的，也代表有漏財的情形，若辦公室又正好位在財位方，漏財的情形會更加嚴重，不要貪圖小方便而因小失大，唯有醫師的看診場所設置為吉利論之。

(5) 辦公室無窗

現代辦公室多半是採用中央空調的設計，因此常常會忽略窗戶的重要性，主管辦公室又是大辦公室區當中的獨立小空間，有時並不一定都在靠邊的位置，所以常出現辦公室密閉無窗的情形，窗戶是陽宅重要的氣口，就算有中央空調，也最好能有對外的窗戶，並且隨時保持室內的空氣流通，否則健康一定會出問題，在國外就常出現辦公室因為太依賴空調而產生所謂的退伍軍人症，只要多開窗就可避免。

(6)座位後方是否為窗戶

辦公室的背後一定要有靠山，所以在坐位的後面必需要有牆壁，不可開大窗戶為靠，一般不懂風水自然原理的人，大多以為窗戶的位置為背靠，在這裡辦公光線會比較好，但是在風水地理的自然理論視為是不好的格局，其斷言為犯小人的格局。試想，若是座位背著窗戶，而窗戶外有人偷窺或有人偷偷地從後窗進來，根本無法去注意到，在這裡辦公注意力也比較不能集中，若董事長或總經理的座位後方是窗戶，就必須用木板封掉，用窗簾或百葉窗來遮擋都是沒有用的，否則易犯小人。試想，光線由背後進來，桌上會有光影，但若外面光線由左右的地方近來，光度就特別好。

三、財務室的擇定

一個公司的財務室同樣具備很重要的地位，財務室宜靜不宜動，俗話說財不露白，所以財務室應設置於財位或依著董事長室而設立最為理想。財務室的方位擇定與董事長室的方位擇定相同，亦可分別設在陽宅的兩個財位上，方位請參照120頁說明。

(1)保險櫃是否外露？

辦公室中若有放置重要物品的保險櫃，應該放置在隱密的角落或採用隱藏式保險箱設計為宜，一方面除了安全上的考量以外，另一方面也是要避免因為錢財露白所產生的漏財現象。

(2)保險櫃是否設在樑下？

注意保險櫃不可設於樑下，就如人的座位一樣，均不可設置於樑下，否則將會影響財的穩定。若有櫃子擋掉，或者就必須在保險櫃上方安置八卦吉祥寶甕來化解。

(3)辦公室內有無鏡子？

鏡子在風水地理上，被運用在很多地方，作為反光之避煞的用途，用來招財安置、調氣、剋制小人的特殊器物，在辦公室的空間，若為了要防止員工作出違反作業的程序，或是防堵員工將業務轉移到別的公司，也就是內神通外鬼的時候，可將鏡子貼在

辦公室內的柱子上。但是若為財務部門，可就不宜用鏡子來防止機密或財祿外洩，因為財被照到，則為財祿金錢露白之理，而業務部的空間就適宜以鏡子來作為消除間諜的方法，有鏡子的空間，為明鏡高懸的作用，假使員工的心術不正，有了鏡子照他，則他留在公司的機會就不大，或者說只要有心術不正的念頭一產生，就會有被消除的機會，可是若為主管或老闆的座位可就不允許有鏡子照到座位的情形，否則將無隱私可言，所以公司內負責人的辦公室內不宜有大鏡子來投射，不要以為空間不夠大，就以大面鏡子來使用，切記！

四、企劃部和研發部的辦公室擇定

一間大公司一定有各式各樣的人才，每個人都有不同的工作性質與專長，想要讓公司成長茁壯，就必須讓每一個人在自己所職掌的工作任務上能夠發揮最大的潛能，就像前面提到的，財務部門規劃在辦公室的財位是最理想的，因為他們管的是公司的財務進出，但如果公司有配置企劃部、設計部、研發部的話，這些人的工作內容就是動腦筋、想點子、思考問題、解決問題，所以最好能夠將企劃部門或研發部門規劃在辦公室的文昌位，文昌位的空間磁波對於腦力的開發有很大的助益，所以還在唸書的小孩在家中的文昌位讀書對他的學習一定有幫助，同樣的對於用腦筋吃飯的企劃、設計人員也是有幫助的。

北（向）

南（座）

座南朝北的辦公室，必須將正南方卦位規劃為企劃部研發部辦公區。

南（向）

北（座）

座北朝南的辦公室，必須將東北方卦位規劃為企劃部研發部辦公區。

東（向）

西（座）

座西朝東的辦公室，必須將西南方卦位規劃為企劃部研發部辦公區。

西（向）

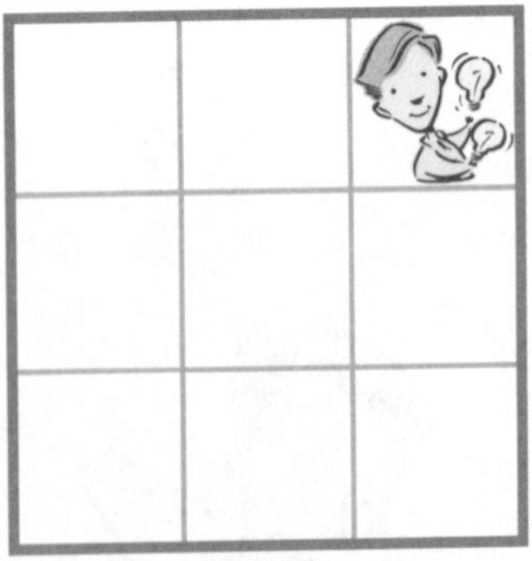

東（座）

座東朝西的辦公室，必須將西北方卦位規劃為企劃部研發部辦公區。

東北（向）

西南（座）

座西南朝東北的辦公室，必須將正西方卦位規劃為企劃部研發部辦公區。

西南（向）

東北（座）

座東北朝西南的辦公室，必須將正北方卦位規劃為企劃部研發部辦公區。

東南（向）

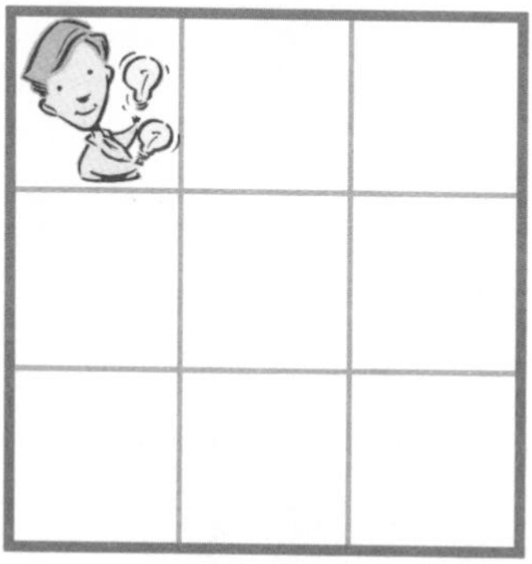

西北（座）

座西北朝東南的辦公室，必須將正東方卦位規劃為企劃部研發部辦公區。

西北（向）

東南（座）

座東南朝西北的辦公室，必須將中宮及東南方卦位規劃為企劃部研發部辦公區。

五、一般內勤人員的辦公區擇定

內勤人員最主要的工作就是處理公司的大小雜物，這樣的工作既枯燥又繁瑣，如果穩定性不夠的員工，一定會經常出錯，所以在安排座位的時候，最好是將內勤人員放到辦公室的使用空間正前方來辦公，內勤人員本來就非作戰部隊，所以只好安排在有較大衝擊的空間，才能讓這些員工有較多學習的機會，只要耐得住這股衝擊力，就是能在職場上昇華的成員，升遷指數當然就相對的提昇。

北（向）

南（座）

座南朝北的辦公室，必須將正南方卦位規劃為內勤人員的辦公區。

南（向）

北（座）

座北朝南的辦公室，必須將正北方卦位規劃為內勤人員的辦公區。

東（向）

西（座）

座西朝東的辦公室，必須將正西方卦位規劃為內勤人員的辦公區。

西（向）

東（座）

座東朝西的辦公室，必須將正東方卦位規劃為內勤人員的辦公區。

東北（向）

西南（座）

座西南朝東北的辦公室，必須將西南方卦位規劃為內勤人員的辦公區。

西南（向）

東北（座）

座東北朝西南的辦公室，必須將東北方卦位規劃為內勤人員的辦公區。

東南（向）

西北（座）

座西北朝東南的辦公室，必須將西北方卦位規劃為內勤人員的辦公區。

西北（向）

東南（座）

座東南朝西北的辦公室，必須將東南方卦位規劃為內勤人員的辦公區。

六、業務人員的辦公區擇定

一間公司業績好不好，客戶多不多，業務扮演著絕對性的關鍵，好的業務可以讓公司的業績以倍數成長，但差的業務也可以讓生意一落千丈，業務的性質與內勤正好相反，他需要的是積極主動的精神，勇於往前衝，並且要不怕挫折，樂觀開朗、充滿活力，這樣才能拓展客源，而不是整天坐在冷氣房裡打電話，因此，最好將公司裡的業務人員安排到辦公室最充滿活力的生氣方、旺氣方來工作，可以讓他們時時保持高昂的鬥志。生氣方可以用宅卦的生氣方，也可以用財位的生氣方或旺氣方。

北（向）

南（座）

座南朝北的辦公室，必須將正南方或正東方卦位規劃為業務人員的辦公區。

南（向）

北（座）

座北朝南的辦公室，必須將東南方或西南方卦位規劃為業務人員的辦公區。

東（向）

西（座）

座西朝東的辦公室，必須將西北方或正南方卦位規劃為業務人員的辦公區。

西（向）

東（座）

座東朝西的辦公室，必須將正東方或正南方卦位規劃為業務人員的辦公區

東北（向）

西南（座）

座西南朝東北的辦公室，必須將東北方或正東方卦位規劃為業務人員的辦公區。

西南（向）

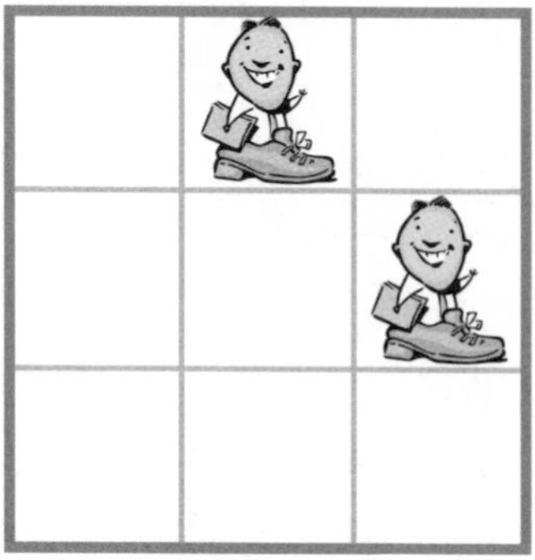

東北（座）

座東北朝西南的辦公室，必須將西南方或西北方卦位規劃為業務人員的辦公區。

東南（向）

西北（座）

座西北朝東南的辦公室，必須將正西方或正北方卦位規劃為業務人員的辦公區。

西北（向）

東南（座）

座東南朝西北的辦公室，必須將正北方或西南方卦位規劃為業務人員的辦公區。

七、辦公室的裝潢通則

每一間辦公室因為使用面積的不同、坐向的不同、主事者命卦的不同、所從事的行業別不同等因素，所規劃出來的辦公室一定都不一樣，但是就陽宅風水的角度來看，仍存在一些最基本的通則可供大家參考，一般辦公室在室內的設計方面必須注意以下幾個重點：

⑴辦公室的燈光、亮度必須充足，才能有好的光景，使事業順利，尤其是仲介業、傳銷業，更要放亮辦公室的燈光，使整體氣勢如虹，方能在業績上有所突破。

⑵辦公室上方應以輕鋼架天花板遮住橫樑，以免因樑柱產生不好的磁場而產生壓力。

⑶辦公室整體的動線要流暢，不要有太多的障礙物為吉。

⑷辦公室及店面的地面與牆面的色澤，應配合陽宅坐向及行業別。

(5)辦公室各部位的使用面積要按比例分配妥當，該大則大、該小則小，不可本末倒置。

(6)辦公室必須依照每個人的工作位階及工作性質，安排在最恰當的方位來辦公。

(7)座位的擺設要避免形成走道的沖射，也要避免座位對到室內任何門路。

(8)廁所的位置不可以規劃在辦公室的中間，也不可以規劃在大門旁邊的位置，更不要規劃在辦公室財位。

(9)座位的後方一定要有後靠，不能是窗戶或走道，最好能有一面牆壁當作後靠。

(10)廁所的門不可對到任何座位或大門。

(11)座位的正上方不能有空調的出風口正對。

(12)座位的四週不能有大型冷氣機出風口正對。

(13)自然的光源和自然的空氣對流絕對不能少，人工照明和空調只是輔助，無法完全取代。

(14)「正確的規劃」遠勝於「奢華的裝潢」，錢要花在刀口上，豪華氣派不等於就是好風水，規劃得當才是最重要。

以上只是辦公室在裝潢時必須注意的幾個通則，關於個人辦公區的設置與規劃還有哪些重點？在下一篇章中將有詳細的說明。

第五篇

個人的辦公區佈置

◎辦公桌的方位吉凶

◎員工的禁忌方位

◎辦公桌與辦公椅的型態

◎辦公桌上是否有不必要的擺設

◎辦公室的風水禁忌

一、辦公桌的方位吉凶

辦公桌雖然是一件不起眼的小東西，但這樣東西與一個人的工作環境及工作心態息息相關。從工作場所的選定到擺設辦公桌的位置，再來就是辦公桌的形體與辦公椅的型態對應等，都具有奧妙玄機。

就像每個人適合不同坐向的房子一樣，辦公桌的擺設方向，也會因個人命卦之差異而有所不同，也就是說，每個人辦公桌的擺設方向都有吉凶的對應關係。

不過一般小職員辦公都在大辦公區，座位或許都是分配好的，很難依自己的命卦吉凶來作調整，那就得在辦公桌的開運擺設上多下點功夫，多少也能幫你在職場上走得順遂一點。若是可以作適度的調整，那就請你將自己的辦公桌調到自己命卦的吉方位，特別是有自己辦公室的高階主管，辦公桌一定要擺得正確才能幫你升官發財，若是擺錯了方位，可是會引起不同的災禍喔！

如果你發覺最近在職場上老是處處碰壁，或者災禍連連，不妨藉由辦公桌方位的調整來改改運，說不定就可以逢凶化吉、突破困境，特別是老闆的辦公室，不要只注意到裝潢的氣派與否，辦公桌要擺在什麼地方、什麼方位才是最重要的事，你看政府機關每次只要一換部會首長，大部分的人第一件事就是調整自己的辦公桌，這表示他們懂得為自己的仕途打下好的基礎，在上位者都奉行無礙了，你能不跟著做嗎？

所以在安排辦公桌的位置時，首先要以整個房子的財位分卦來設定空間之後，再以命卦的方向來取就坐向，因為每一個人出生時所呼吸進來的氣，在地球上的磁力線各有不同，因此必須以命卦磁場線為安排，方能選到吉方位為用，對使用辦公桌之人，相對就會有好的氣場，也因此才能創造出好的業績與財富。

(1)坎命之人的辦公桌吉凶方位

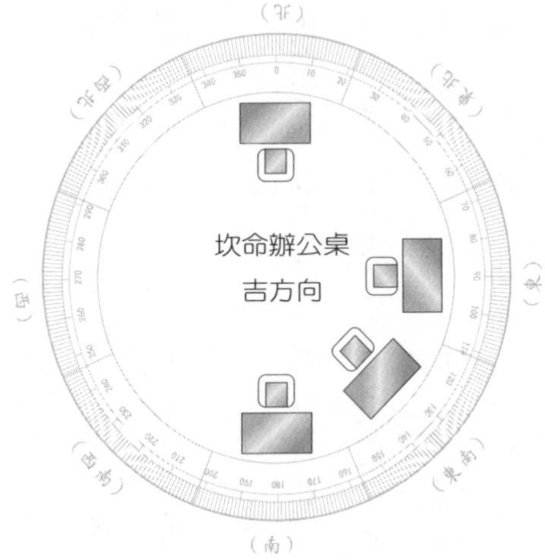

男命：1900、1909、1918、1927、1936、1945、1954、1963、1972、1981、1990、1999、2008年出生者

女命：1896、1905、1914、1923、1932、1941、1950、1959、1968、1977、1986、1995、2004年出生者

(1)辦公桌的吉方向為：

向正北方、向正東方、向正南方、向東南方。

(2)辦公桌的凶方向為：

向東北方：論之為五鬼，犯五鬼小人，疾厄為虛火旺盛，易有心臟之疾或心悸。

向西南方：主易犯氣管之疾。

向正西方：主易犯脾胃之疾。

向西北方：易犯桃花，疾厄主腎疾腰酸背痛。

(2)巽命之人的辦公桌吉凶方位

男命：1897、1906、1915、1924、1933、1942、1951、1960、1969、1978、1987、1996、2005年出生者

女命：1899、1908、1917、1926、1935、1944、1953、1962、1971、1980、1989、1998、2007年出生者

(1)辦公桌的吉方向為：

向正北方、向正東方、向正南方、向東南方。

(2)辦公桌的凶方向為：

向東北方：主易犯氣管之疾。

向西南方：論之為五鬼，犯五鬼小人，疾厄為虛火旺盛，易有心臟之疾或心悸。

向正西方：易犯桃花，疾厄主腎疾腰酸背痛。

向西北方：主易犯脾胃之疾。

(3)離命之人的辦公桌吉凶方位

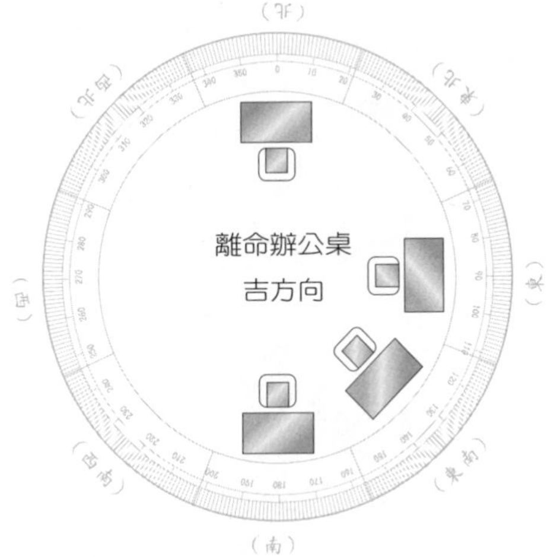

男命：1892、1901、1910、1919、1928、1937、1946、1955、1964、1973、1982、1991、2000年出生者

女命：1895、1904、1913、1922、1931、1940、1949、1958、1967、1976、1985、1994、2003年出生者

(1)辦公桌的吉方向為：

向正北方、向正東方、向正南方、向東南方。

(2)辦公桌的凶方向為：

向東北方：主易犯脾胃之疾。

向西南方：易犯桃花，疾厄主腎疾腰酸背痛。

向正西方：論之為五鬼，犯五鬼小人，疾厄為虛火旺盛，易有心臟之疾或心悸。

向西北方：主易犯氣管之疾。

(4)震命之人的辦公桌吉凶方位

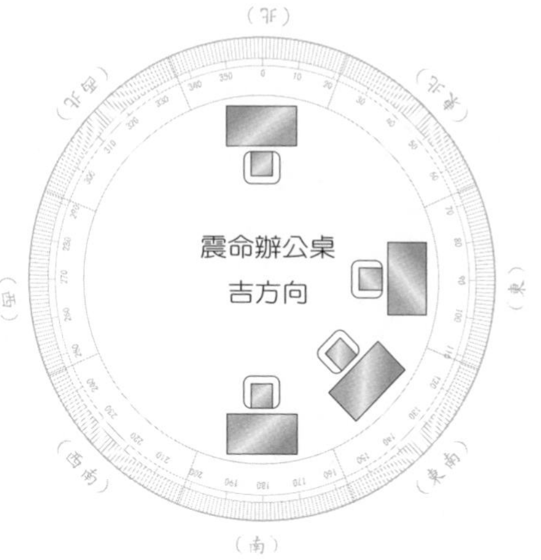

男命：1898、1907、1916、1925、1934、1943、1952、1961、1970、1979、1988、1997、2006年出生者

女命：1898、1907、1916、1925、1934、1943、1952、1961、1970、1979、1988、1997、2006年出生者

(1)辦公桌的吉方向為：

向正北方、向正東方、向正南方、向東南方。

(2)辦公桌的凶方向為：

向東北方：易犯桃花，疾厄主腎疾腰酸背痛。

向西南方：主易犯脾胃之疾。

向正西方：主易犯氣管之疾。

向西北方：論之為五鬼，犯五鬼小人，疾厄為虛火旺盛，易有心臟之疾或心悸。

(5)乾命之人的辦公桌吉凶方位

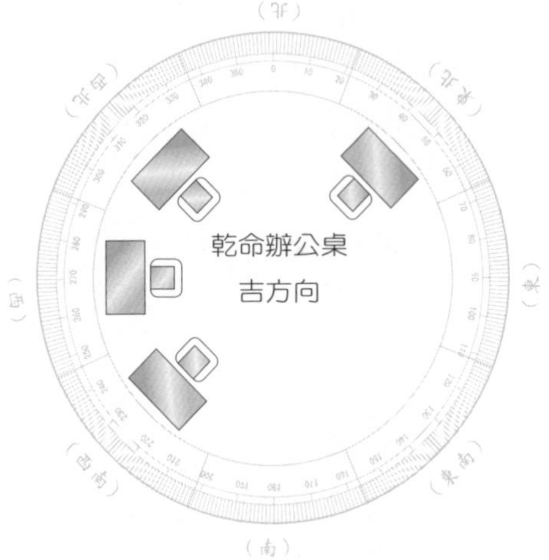

男命：1895、1904、1913、1922、1931、1940、1949、1958、1967、1976、1985、1994、2003年出生者

女命：1892、1901、1910、1919、1928、1937、1946、1955、1964、1973、1982、1991、2000、2009年出生者

(1)辦公桌的吉方向為：

向東北方、向西南方、向正西方、向西北方。

(2)辦公桌的凶方向為：

向正北方：易犯桃花，疾厄主腎疾腰酸背痛。

向正東方：論之為五鬼，犯五鬼小人，疾厄為虛火旺盛，易有心臟之疾或心悸。

向正南方：主易犯氣管之疾。

向東南方：主易犯脾胃之疾。

(6)兌命之人的辦公桌吉凶方位

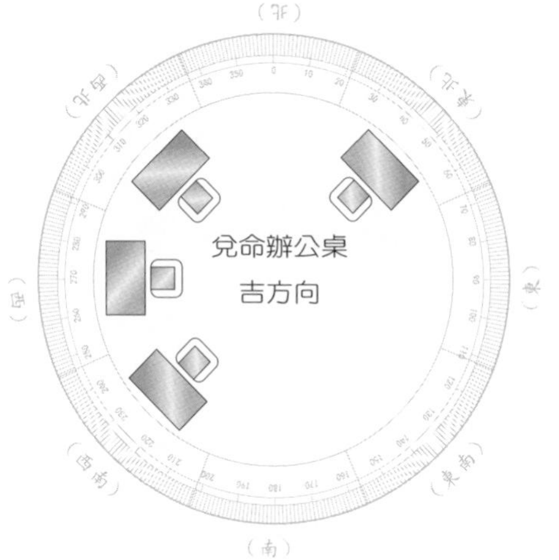

男命：1894、1903、1912、1921、1930、1939、1948、1957、1966、1975、1984、1993、2002、2011年出生者

女命：1893、1902、1911、1920、1929、1938、1947、1956、1965、1974、1983、1992、2001、2010年出生者

(1)辦公桌的吉方向為：

向東北方、向西南方、向正西方、向西北方。

(2)辦公桌的凶方向為：

向正北方：主易犯脾胃之疾。

向正東方：主易犯氣管之疾。

向正南方：論之為五鬼，犯五鬼小人，疾厄為虛火旺盛，易有心臟之疾或心悸。

向東南方：易犯桃花，疾厄主腎疾腰酸背痛。

(7)艮命之人的辦公桌吉凶方位

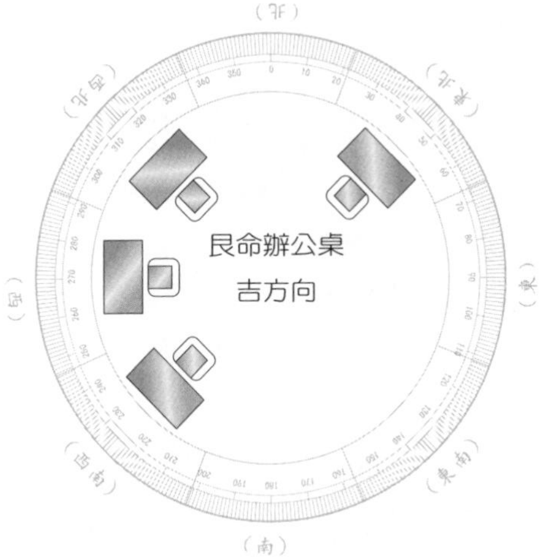

男命：1893、1902、1911、1920、1929、1938、1947、1956、1965、1974、1983、1992、2001、2010年出生者

女命：1894、1903、1912、1921、1930、1939、1948、1957、1966、1975、1984、1993、2002、2011年出生者

(1)辦公桌的吉方向為：

向東北方、向西南方、向正西方、向西北方。

(2)辦公桌的凶方向為：

向正北方：論之為五鬼，犯五鬼小人，疾厄為虛火旺盛，易有心臟之疾或心悸。

向正東方：易犯桃花，疾厄主腎疾腰酸背痛。

向正南方：主易犯脾胃之疾。

向東南方：主易犯氣管之疾。

(8)坤命之人的辦公桌吉凶方位

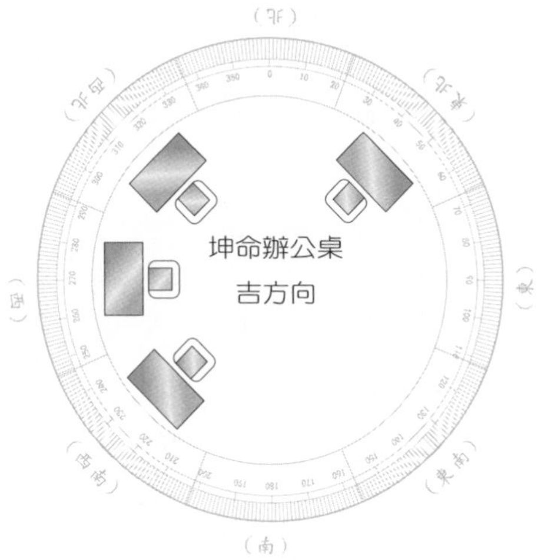

男命：1896、1905、1914、1923、1932、1941、1950、1959、1968、1977、1986、1995、2004年出生者

女命：1897、1906、1915、1924、1933、1942、1951、1960、1969、1978、1987、1996、2005年出生者

(1)辦公桌的吉方向為：

向東北方、向西南方、向正西方、向西北方。

(2)辦公桌的凶方向為：

向正北方：主易犯氣管之疾。

向正東方：主易犯脾胃之疾。

向正南方：易犯桃花，疾厄主腎疾腰酸背痛。

向東南方：論之為五鬼，犯五鬼小人，疾厄為虛火旺盛，易有心臟之疾或心悸。

二、員工的禁忌方位

為了公司的業績著想，身為公司老闆的你可以將員工安排到他最旺的座位，並且幫他調整出最理想的辦公桌方位，但既然是公司的老闆，就要有絕對的領導能力，最怕遇到一些只進讒、餿主意而毫無貢獻的員工，影響到領導者的判斷力。為了避免這樣的情形發生，要儘量避免安排員工在主事者個人命卦的五鬼方來辦公，因公司主事者容易對坐在此方位的員工言聽計從，而對策略方針缺乏客觀性，容易造成軍心渙散，績效下滑，故應將此方位保持乾淨或設為會議室即能必免。

各種命卦主事者的五鬼方位如下：

(1)坎命之主事者的五鬼方位為**東北方**，應儘量避免安排員工在此辦公。

(2)巽命之主事者的五鬼方位為**西南方**，應儘量避免安排員工在此辦公。

(3)離命之主事者的五鬼方位為**正西方**，應儘量避免安排員工在此辦公。

(4)震命之主事者的五鬼方位為**西北方**，應儘量避免安排員工在此辦公。

(5)乾命之主事者的五鬼方位為**正東方**，應儘量避免安排員工在此辦公。

(6)兌命之主事者的五鬼方位為**正南方**，應儘量避免安排員工在此辦公。

(7)艮命之主事者的五鬼方位為**正北方**，應儘量避免安排員工在此辦公。

(8)坤命之主事者的五鬼方位為**東南方**，應儘量避免安排員工在此辦公。

三、辦公桌與辦公椅的型態

(1)辦公桌

除了辦公桌的位置之外，現在我們再來分析一下辦公桌的型態對應。一個辦公桌的形體與使用者的心態也有密切關係。

a.歐美的商人都喜歡選擇設計較簡單的辦公桌，故歐美人的心態都較單純，沒有中國人的狡猾心機。

b.東方人的辦公桌椅較密合嚴謹，倘若一個人每天都使用方正的辦公桌工作，其處世原則必然方正不阿。

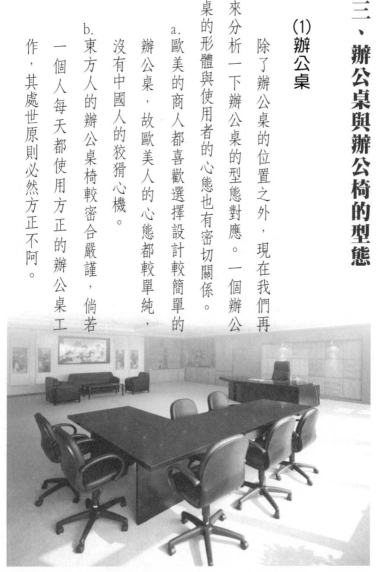

c.圓邊的辦公桌，必會讓使用者心存圓滑。

d.海灣型的辦公桌，必會帶動這個人心有衝勁，且凡事有野心有攻擊性。

e.有邊櫃的辦公桌，必會帶動使用者企圖心的再昇華，

f.有邊櫃且中空的辦公桌，必會讓這個老闆安心分層負責，讓自己有較舒適的辦公空間。

每個樣式的辦公桌，都會影響使用者情緒心態，再加上椅子的位置高低、主客之間也會有其對應玄機。

(2)辦公椅

辦公桌的椅子有很多種，一個企業主管辦公桌椅與其事業的發展有相對關係存在，主管的辦公座椅必須有靠背及扶手，有靠背代表有靠山、有

扶手代表能有得力的員工來幫助，所以絕對不可以用沒有靠背及扶手的椅子，否則事業是無法有好的突破的，只有越來越沉淪而已，代表在外貴人不明，得不到助力，在公司成員也都無法盡心盡力工作，不然就是無法做得長久。

所以，不要小看一張辦公桌或辦公椅，它是你的氣場充電器，所以絕對要去配合事業的發展時間點，方能有成功的機會。

四、辦公桌上是否有不必要的擺設？

辦公桌是個人工作最主要的空間，為了要使工作更有效率，辦公桌上儘量避免不必要的擺設，也不要將公文堆成一堆，這會讓人還沒工作就已經感到疲累了，儘量將不必要的東西收進抽屜內，大件物品可另設邊櫃來收納，要時時保持桌面的整潔。

桌上適當的小裝飾可以穩定工作的情緒，例如擺上幾張家人朋友的照片、有勵志小語的紙條或飾品、一個小盆栽等等，都有激勵人心的作用。但是切忌以下幾種東西：

a.尖銳的金屬飾品：金屬的尖銳部分會讓人產生很大的壓迫感，在不知不覺當中，會讓人情緒緊繃，無形中會使自己銷耗掉許多的能量，應該儘快移除。

b.枯萎的盆栽：植物象徵著人的生命力，植物越是欣欣向榮，人的運勢就會跟著發達，相反的，若植物開始枯萎衰敗的時候，就應該立刻丟掉，否則會影響到人的運勢。

c.笨重的大石頭：有人喜歡在桌上擺一些裝飾的小石頭，這倒沒有什麼影響，但石頭是屬於陰的磁場，若體積過於龐大，會在無形中吸取人的能量，特別是一些大水晶石洞，影響更大。

d.攀藤類或帶刺的小盆栽：若要在桌上擺設盆栽，應以闊葉常青的植物為主，攀藤類的植物屬於陰性的植物，比較無法提供人們正面的能量，儘量少用。

五、辦公室的風水禁忌

對所有上班族而言，每天都得花上八小時以上的時間待在辦公室裡，辦公室無疑的就像自己的第二個家。我們對自己的居家會處處留意，但是卻往往疏忽了辦公室格局的重要性，因為辦公室格局的好壞，不但影響個人的事業、財富，甚至健康，所以辦公室對人的影響力，並不亞於居家，如何從內部格局來判斷自己辦公室的好壞，有以下幾個原則：

(1)座位的後方不宜有窗戶

辦公室的背後一定要有靠山，所以在坐位的後面必需要有牆壁，不可開大窗戶為靠，座位後方不宜有低矮的玻璃後靠，此種現象有如電風扇直吹背部，必有腰酸的現象，同時也代表有犯小人之格局，事業上的障礙會比較多。若座位後方是窗戶，就必須用木板封掉，或將座位移往有後靠的位置。

(2)座位週圍不宜有直角沖射

只要辦公室不是方正的格局，不論是樑柱或是牆角都會產生突出的直角，這個尖銳的直角會引導氣流產生直射的煞氣，如果座位的四週有這樣的直角出現，且距離身邊很近的話，就要小心它所帶來的傷害，若不化解，大部分的人容易有腰酸背痛的現象，這是會影響健康的磁場，只要在直角的位置前面擺上一盆圓形的闊葉盆栽，或是在柱子上吊大彩帶的紅色中國結，就可以阻隔角度磁場的沖射。

(3)座位之前不宜直沖柱子

就像住家大門前不能有電線桿、大樹的道理一樣，辦公室內若有柱子的部位，在安排辦公桌時最好能移開，避免讓座位正對柱子，座位前有柱子就像一開門就碰壁一樣，影響的是工作的前途以及人際關係，有這種情形只要將桌子往旁間挪開就可以化解。

(4)座位不宜正對大門

人要呼吸，而陽宅也好比是一個生命體，故宅也需要呼吸，不宜在氣往外出煞的地方安置辦公桌，否則坐在其位之人必主工作忙碌，且易有是非，凡事不順，有功無賞、有過必殃。

辦公室裡的辦公桌位置，不可有正沖到門的情形，只有服務台的桌子可以正對大門而設，內部的辦公室空間就不宜有正沖門路的辦公桌。桌對門代表受到外來的氣所攻擊，此人必定會以事必躬親的態度來處事，而且會有很多芝麻小事逢身，有做不完的事情煩心，對外有壓力產生，對內則管理會有漏洞，公司體制會逢人而改，逢事而動，一切容易處於不穩定的狀況之下，所以奉勸大家，若你的辦公桌有沖門的情形，儘速移開，情況很快就會有所改變。

(5)座位後方無靠

座位的後方有靠代表工作上有貴人、有靠山，如果座位後方沒有靠，也就是說，座位的後方沒有牆壁或任何同事的辦公桌、櫃子來當後靠，而是空蕩蕩的一片，就代表在工作上得不到任何幫助，貴人不明顯，事業難有出頭天，所以座位後方一定要有靠，最好是有一面實牆，若在大辦公區，後方也要有其他的辦公桌或隔板來當後靠為宜。

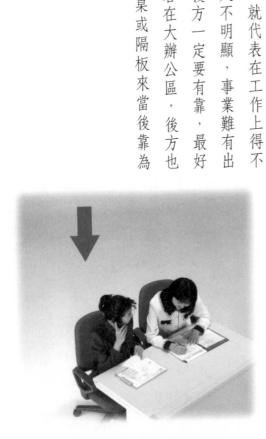

(6)座位後方是走道或電梯口

座位的後方不但沒有依靠或任何屏障，更糟糕的還是大家進出的走道時，就必須特別注意了，座位後方有走道代表身後經常會有人走動，坐在這個位置上辦公一定會感到心神不寧，當然無法專注精神，所以工作容易出錯、判斷會出問題，也代表是犯小人的格局，經常會成為公司鬥爭及抹黑的對象。若是座位後方剛好對到了電梯門，情況會比走道更糟糕，因為電梯門一開一合，就像一隻猛虎蹲在背後一樣，除了犯五鬼小人的疑慮以外，還要注意有意外血光，身體健康也容易有病痛，最好趕快將座位移開。

(7)座位的環境是否髒亂

從玄關一進入公司內，如果映入眼簾的是整整齊齊的辦公室，會給人一種祥和的感覺，這樣就代表公司內部的人際關係完美，員工團結向心力強，辦公場所和居家一樣，都必須要有一個整潔的環境，良好的環境才能讓四周的氣場順暢，也才能有好的財運和事業運，穢氣和煞氣都會對人有傷害。

所以，當你發現座位四週有堆放雜物、放置垃圾箱、或出入的動線不順暢時，記得將環境整理乾淨，可以在原放置垃圾箱的位置擺一些綠色植物來轉化氣場，效果也不錯。許多人的辦公桌旁都會放置一個垃圾桶，但如果垃圾桶擺在外面的話，不但有礙觀瞻也會影響個人的人際關係，所以最好將垃圾桶收到辦公桌底下或隱藏起來。

(8)座位上方有樑柱

座位上有樑柱是十分常見的問題，和居家一樣，樑柱所在位置的氣場會有往下沖的情形，長期坐在樑柱下方，也會受到不好的氣場所干擾，思緒紊亂、腦袋不清楚，工作不會有傑出的表現，並且大樑會讓人產生壓迫感，會覺得自己的才能無法完全發揮出來、覺得自己被壓抑，事業運自然不會順暢，故儘量想辦法避開壓樑的情形，若無法避開，也可以將整個天花板重做，將樑包覆在天花板裡面，壓樑的情況自然就消失了。

坊間有偏方說在樑上掛些制化之物便可化解壓樑的情形，其實那只能減輕心理的壓力，對於實質的沖煞物體還是必須回歸到以正統的風水原理來化解才有效用。

值得一提的是，一間大公司總難免有些素質較差或工作態度不佳的員工，若想請他自動請辭也不想多付他任何資遣費的話，不妨將他移到樑柱下方的座位，相信不需要多久的時間他就會因為莫名的壓力而自動離開，這也是風水的妙用之處。

(9)座位不宜位於斜梯之下

座位不能設在樑柱下方，當然也不可以設在樓梯的正下方，有些公司因為空間狹小，因此能使用的空間當然就要充分利用了，在這樣的情況下就容易出現座位正好位於樓梯下方的情形。樓梯下方的座位，氣流到這個地方的時候就會受到地形地物的影響，產生一股向下沖射的情形，其影響與壓樑相同，都會讓人腦筋不清楚，判斷力減弱。

(10)座位上方有異物懸吊

有些辦公室為了要增加室內空氣的流通，會在天花板加裝吊扇，還有些辦公室為了讓光源更充足，會將日光燈管以垂吊的方式來縮減燈具與辦公桌之間的距離，這些從天花板上冒出來的異物其實都會對辦公者產生莫名的壓力，因為它會讓人失去安全感，工作時無法專心，反而造成工作上的干擾，得不償失，所以天花板上不論是空調或者照明燈具，最好都能採內嵌或吸頂式設計為佳。

(11)辦公室採光不良或無窗、少窗

室內的光線一般採自然光為佳，但是現在的大廈建築裡，通常無法完全做到，即使如此，也務必要讓室內的光線能夠充足明亮，昏暗的燈光，會讓人的判斷力降低，員工也會喪失衝刺的力量，對事業會有不好的影響。所以室內若有燈泡壞損，應該立即修復，不可馬虎。

請牢記一個陽宅風水的基本法則，再多的人造光源也無法取代最基本的自然光源，如果辦公室採光很不好，無論何時進辦公室都得開燈才看得見，這代表辦公室的窗戶不足，或者採光面被其他建築物給遮蔽住了，窗戶不足代表房子對外的氣口太少，空氣對流會有大問題，窗戶太小代表處事保守，在工作上魄力不足，採光不良代表室內陰氣、溼氣較重，像這樣的辦公室，很難有大發展及大突破，且在這裡面工作的人，身體健康常常會出問題，所謂陽光不到病痛就會常常到，因此要避免找窗戶少或者採光不佳的房子當辦公室。

(12)主管桌是否與員工桌相對

對上班族而言，主管象徵著權威，員工在面對主管或老闆的時候，情緒往往會處在比較緊張的狀態，如果長期與主管對桌而坐，你的工作情緒一定無法集中，而且容易與人有口角衝突。最好的擺設方法是將主管桌移到員工桌的最後面，一來可以避免員工因長期面為所產生的不良後果，二來也能達到監視員工的作用，讓員工不敢隨便摸魚。

同事與同事之間的座位也最好不要有面對面而坐的情形，同一辦公區的座位最好都能朝向同一個方位，代表大家都能為公司同心協力，共同努力，辦公桌方位錯亂的辦公室代表各懷鬼胎、各自為政，甚至有假公濟私、爭權奪利的情形，公司不易團結。

※讓公司股東一團和氣，消弭內鬥的小秘方

俗話說：「團結力量大」，內部團結和諧是公司穩定成長的原動力，平衡股東董事關係，避免內部亂源發生，是公司永續經營的必要法則。

要平和公司內的紛爭，可以在室內掛一幅「一團和氣」的開運畫，或以紅色硃砂書寫「合作無間」四個大字，另外再加上老師開運的小秘方，將可以使公司財源滾滾，大家一起創造共利。

【開運步驟】

1.準備黃紙一張、珠砂、毛筆、一幅開運字畫。

2.以毛筆沾珠砂在黃紙上畫一圓圈，圓圈代表合諧圓滿之意，然後再把所有股東的名字書寫於圓圈內，有團結齊心的效果。

3.將此黃紙置放於字畫後做一美觀修飾即可。

(13)主管桌不宜當道

辦公室內的桌椅排列，其動線氣場，足以影響坐位之人的處事態度與處事的結果。在學理上，每一個卦位有其特別的涵義存在，但自然動線所講求的是順暢，不要有沖煞的流動氣場，否則必定會帶給被沖之人的處事困難重重，凡是不順心。負責人主管的位置，絕對不可以當道而坐，否則整團隊的運作就無法達到預期的理想。以圖例中的職員位置排列，應以前面職員的位置兩人合併在一起，而主管坐在後面，自然能達到隱密，氣能有停留聚氣之象，動線流於兩邊即可，不應流在中間，而將主管桌正沖通道，這是後天人為因素所產生的氣煞而干擾公司運作的敗筆。

(14)座位四周是否有大型的電器

科技的發達，各種電器電子產品為生活帶來許多便利，如冷氣機、電視機、電腦螢幕、微波爐等，但這些電器在使用的過程中會產生強大的電磁波和聲波，這對人的身體健康和思緒都有很大的影響，應該儘量避免靠得太近，也不要坐在傳統電腦螢幕的正後方，因為這是電磁波最強的位置。其他像是雷射印表機和影印機等使用碳粉列印的機器，在碳粉加熱的過程中，會揮發出大量的有毒氣體，所以也不要放在太靠近座位的地方，最好是移至通風良好的位置。

(15)座位正對廁所門

辦公桌不可以對到廁所的門，特別是主管的位置，廁所的穢氣會對財運及事業運有不好的影響。若有這種情形，最好能將廁所門改向，如果廁所前的空間夠大的話，亦可以在廁所門前加設一個L形的屏風來阻擋，光是在廁所門前加裝門簾是沒有效果的，穢氣一樣會往外擴散。

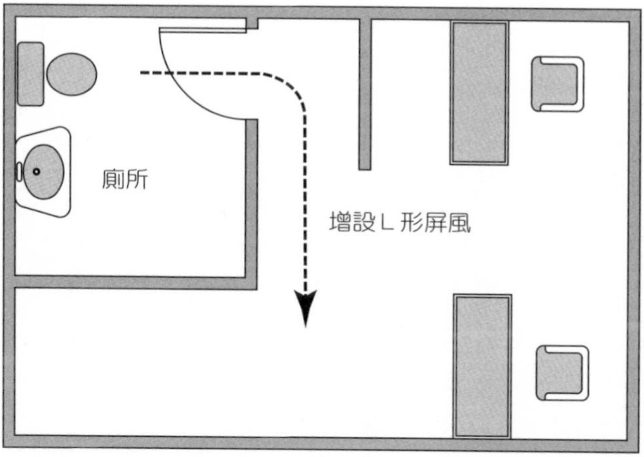

(16) 主管室的門彼此相對

在空間比較小的辦公室中，主管辦公室的門經常會有兩門相對的情形發生，這種門戶的配置，只要能避開就避之，但假若兩門相對而立，它代表著各自獨立的現象，也就是說大家各作各的、各自為政，大家自掃門前雪，這對一個講求團隊合作而言，無疑是最大的傷害，兩門相對同時也代表彼此之間的口角紛爭會比較多，因為大家都各執己見，不容易妥協，所以會為了理念上得差異而爭執不休，這種情形只要將其中一扇門的位置錯開就可以完全化解。

(17)大門與主管辦公室的門相對

辦公室的大門，如果一進門之後就立即看到主管辦公室的門與大門成一直線，兩門相對沖，這種辦公室就代表會對金錢財運不利，尤其是董事長室或財務室的門與大門正對沖，流年天星到辦公室的大門位置時，當年必定會有大量的金錢流失，像這種狀況只要在辦公室的大門入口處，以玄關屏風作區隔，就可以完全化解洩財之象。

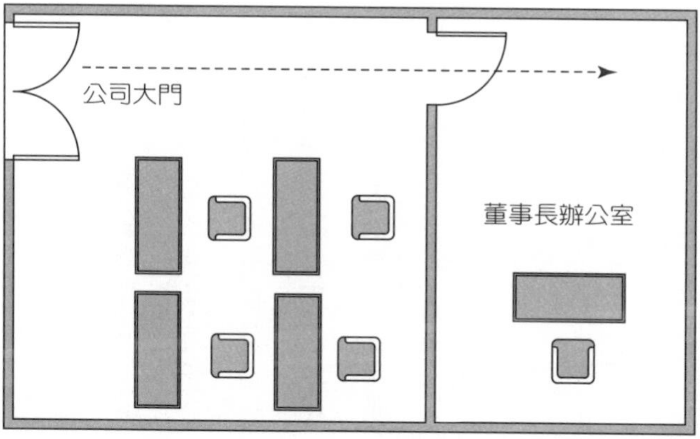

(18) 辦公室的天花板太低

辦公大樓的天花板總是佈滿了各式各樣的管線，如果不加設天花板來遮蔽的話，不但不雅觀也會影響到室內氣場的流暢，不過在增設天花板的時候，一定要注意到高度的問題，若是把天花板做得太低，代表在這裡工作的人精神壓力會很大，同時也代表工作能力難以發揮，會壓抑員工的成長，所以天花板的高度一定要夠，若是受限於樓層高度無法拉高天花板，就儘量不要用吊燈、吊扇之類的設計，那會讓空間顯得更低矮，保持辦公室的明亮，多採用亮色系的裝潢，可以讓室內看起來寬敞一些。

(19)廁所設在辦公室的正中間

廁所的位置在房子的中心點，即中宮的位置，在風水理論中乃論之為凶相，為何會說它是凶相？主要是指空氣不流通，因為廁所的穢氣會直接流入辦公室內，無法順利排到戶外，故論之為辦公室內的人員會有多病痛的情形。

但現代的住宅大樓式的建築，只要是大坪數的使用空間，為了設置客人使用的廁所，以及室內房間的規劃，必定會在中宮位置設置廁所，這樣的設計才不致於讓客人要上廁所時，還要跑到房間內，所以雖說是凶相，但也很難避免，在這方面筆者會建議只要將抽風機設有延遲的開關即可，好讓每次使用後的穢氣能順利排出室外，儘量保持乾燥、乾淨、沒有臭味，相信一切的凶禍都會遠離住家。但假使你把住家的建築格局規劃成辦公室使用，最好能將中間的廁所拆掉或作為倉庫使用，不要作廁所使用為吉。

(20)主管辦公室的下方是騎樓

騎樓是台灣建築的特色之一，有些位於二樓的辦公室，會將主管的辦公室或辦公桌規劃在房子的最前方靠窗的地方，忽略了下面就是一樓的騎樓空間，騎樓是行人來往進出的空間，氣場的流動很快，而主管卻在一個懸空且氣場不穩的環境裡辦公，思緒一定很亂，這會影響他的決策能力，同時也代表這樣的主管在辦公室會坐不住，公司的大小事情都想親自去處理，屬於勞碌的經營管理者。

(21) 住辦合一的辦公室

住家、辦公室或店面都同屬於陽宅其中的一種，就風水學的角度來看，基本的吉凶論法大致是相同的，不過因為每一種房子的使用目不同，在做細部分析的時候，仍會有些出入，因此建議大家儘量讓房子的使用目的單純化，要當住家就只當住家，要當辦公室就只當辦公室，筆者看過這樣的公司老闆，買下五層的廠辦，一樓當辦公室、二到四樓當工廠，五樓則當作住家使用，這種情形的缺點在於住家與辦公室或工廠之間會產生相互的干擾，住家沒有生活品質，而且就算下了班，在家中也會掛念著還有工作還沒做完，所以得不到完全的休息，彷彿永遠都在擔心工作，這樣的老闆屬於勞心勞力命格，就像老闆兼工友。

(22)窗外是否能夠看見其它大樓的牆角？

對陽宅而言，這就是所謂的角煞（壁刀煞），如果在窗外正好能夠看到其它大樓尖銳的牆角，無形中會受到煞氣的干擾，造成能量的流失。有這種情形的辦公室可以將外牆玻璃改成鏡面玻璃，可以反射直角的沖射之氣，但這也沒有百分之百的化煞，依統計資料顯示，也只有百分之七十能化解掉。

總而言之，陽宅位置關係著一個企業的成敗，而辦公桌的位置則足以影響企業人的財運及權勢。辦公桌的周圍環境也會直接影響到使用者，如身體的健康疾病問題、感情問題、處世的吉凶問題。此外，辦公桌的形體也足以影響這個企業的生命力，所以我們必須去關心它、去預防它，利用這些玄妙的變化讓自己及整個企業體達到運勢的最高峰，招財進寶，事事圓滿。若真的自己無法下定決心去規劃，或者公司一直無法順暢經營，建議你唯有敦請大師為你作整體的規劃、造財祈福。

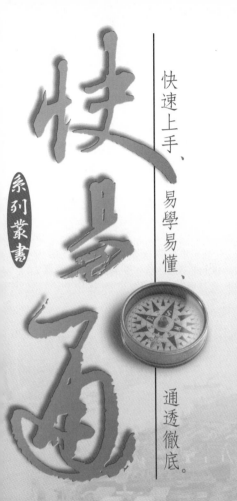

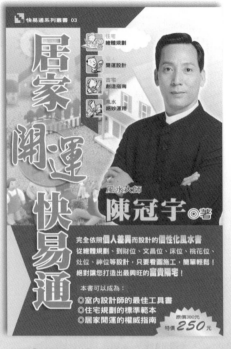

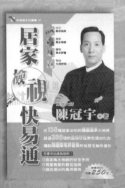

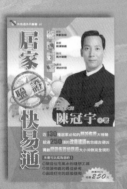

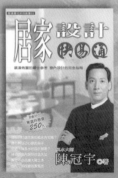

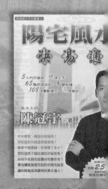

給想要了解自我　想要確實掌握命運者
一個絕佳的機會

陳冠宇　大師之友入會說明書

一. 宗旨

陳冠宇大師秉持二十餘年中國風水地理堪輿的豐富智識，以及源自大自然的命理精華，致力於風水命理學術之科學化研究，巧妙地把莫測高深的中國命理哲學生活化，而且淺顯易學，為服務長期追隨大師的社會大眾，組織散落各地的信眾，合力為普羅大眾祈福加持，特成立『陳冠宇大師之友會』藉由與大師的互動了解您個人需求，為您做開運加持、趨吉避凶，讓你財源廣進、家庭和樂、事業順遂。

二. 入會資格

凡年滿二十歲，希望陳冠宇大師成為您的命理指南燈塔者，填具入會申請書，附上二吋照片二張，並繳納會費後，即為本會會員。

三. 會員福利

會員可優先參加『陳冠宇大師之友會』所舉辦的各項活動，並享有會員獨有的優惠與權利。

1. 「新年開運演講會」
2. 會員可獲得「每年招財符籙」
3. 會員獨享「心理諮商座談會」
4. 定期舉辦「風水開運小秘方發表會」
5. 會員可優先參加「開運加持祈福會」
6. 定期舉辦「風水之看山看水」戶外活動
7. 優先享有新書預約及會員折扣
8. 各項開運產品及簽約商店之會員折扣

四. 入會費

入會費 二仟元　　　年費　一仟元

五. 會員獨享

凡加入本會成為會員者，即可免費獲得由陳冠宇 大師親自加持之『祈福開運招財寶』（寶卡正面會員照片，係為個人加持祈福之用）。

聯絡地址：台北市忠孝東路四段166號四樓
聯絡電話：（02）27315757　　傳真電話：（02）27518338
聯 絡 人：王總經理　　e-mail：askmeall@ms68.hinet.net
郵政劃撥：17516725 戶名：陳德茂
（入會申請：請填寫入會申請表，附兩吋相片一張，郵寄回本會）

陳冠宇大師之友會　會員入會申請書

姓名		性別		出生年月日	
出生地		身分證統一編號			
學歷		經歷		現職	
戶籍地址		電話			
聯絡地址		電話		行動	
審查結果		介紹人		會員編號	

申請人：　　　　簽章

中華民國　　年　　月　　日

陳冠宇　敬邀

信用卡產品訂購單

24小時傳真訂購電話：(02) 2947-9409　客戶服務專線：(02) 2947-9208

訂購人基本資料

姓名：　　□男　□女　訂購日期：　年　月　日

身分證號碼：　　信用卡號：　（請全部填寫）

信用卡簽名：　　信用卡有效日期：西元　年　月

聯絡電話：日（　）　夜（）　生日：　年　月　日

□□□　縣市　區鄉鎮　里村　鄰　路（街）　段　巷　弄　號　樓

授權碼：　　商店代號：鴻運知識科技有限公司

送　貨　資　料

收貨人姓名：　　聯絡電話日（　）　夜（）

收貨地址（與訂購地址相同免填）：

□□□　縣市　區鄉鎮　里村　鄰　路（街）　段　巷　弄　號　樓

產品代號	品　　名	數量	單　價	總　價
郵資(未滿1000元者請自付郵資)			80元	
合計				

※注意事項

凡購滿1000元以上，免加郵資，未購滿1000元者，需自付郵資費用80元（請在訂購單之運費欄加列郵資費用）

國家圖書館出版品預行編目資料

辦公設計快易通 / 陳冠宇著
初版．台北縣中和市：鴻運知識科技，[民97.5]
面；公分
ISBN 978-986-84126-3-7 （平裝）
1.相宅 2.改運法 3.辦公室
294.1 97006467

辦公設計快易通

作　　者 — 陳冠宇
主　　編 — 蕭朝元
美術設計 — 蕭朝元
發 行 人 — 于靜波
出 版 社 — 鴻運知識科技有限公司
地　　址：台北縣中和市自立路66號1樓
電　　話：(02)29479208．89431191
傳真電話：(02)29479409
劃撥帳號：19755641號　戶名：鴻運知識科技有限公司
電子信箱：hold.yung@msa.hinet.net
總 經 銷 — 采舍國際 www.silkbook.com 新絲路網路書店
地　　址：台北縣中和市中山路二段366巷10號3樓
電　　話：(02)82458786
傳真電話：(02)82458718
全系列書系特約展示：橋大書局 台北市南陽街7號2樓
新絲路網路書店：台北縣中和市中山路二段366巷10號10樓
星馬總代理 — 新加坡：諾文文化事業私人有限公司
Novum Organum Publishing House Pte Ltd 20,Old Toh Tuck Road,Singapore 597655
TEL：65-6462-6141
FAX：65-6469-4043
馬來西亞：諾文文化事業私人有限公司
Novum Organum Publishing House(M)Sdn.Bhd.No.8,Jalan 7/118B,Desa Tun Razak,56000 Kuala Lumpur,Malaysia
TEL：603-9179-6333
FAX：603-9179-6060
出版日期 — 2008(民97)年5月15日 初版
國際書碼 — ISBN 978-986-84126-3-7
定　　價 — 新台幣250元

聚寶盆 限量典藏版

特價18800元

相信只要用過聚寶盆的人，都會被它神奇的催財效果深深吸引，沒錯！聚寶盆正是風水學中招財效果最強、也最靈驗的招財聖品！但是市面上的聚寶盆琳瑯滿目，不是粗製濫造、就是動輒數萬元，選錯了聚寶盆、或者沒有老師正確的指導，不但沒有聚財效果反遭破財！陳冠宇大師為體恤讀者，不惜花費鉅資委託陶藝名家製作最新、最強的聚寶盆典藏版，以回饋大家多年來的愛護。

聚寶盆限量典藏版全部由高溫瓷土燒製，大小完全符合魯班尺的財庫尺寸，並由名家手繪象徵福、祿、壽的各式吉祥圖案，再經陳冠宇大師開光加持，每一件都是精品中的精品！

註：聚寶盆限量供應，需事先訂製，如需等待，敬請見諒。

【專利商品，仿冒必究】
專利證書案號第D106701

- 規格尺寸：圓徑46公分×高16.5公分
- 造型：聚寶盆盆口有九蝠相連，象徵福上九天；盆身有蝙蝠、金錢、壽桃，象徵五福臨門、高官厚祿、長命百歲，加上精緻的吉祥紋飾，除了催財效果超強，本身更是件完美的藝術品。
- 特別贈送：水晶球、加持之獨門秘藏正財符籙、偏財符籙，讓聚寶盆更加靈感！
- 使用方法：聚寶盆適用於居家、店面、辦公室，先找出財位所在，再配合主事者的八字，擇吉日安置。

三大滿意保證：

1. 限量保證：每個都有大師加持印及限量典藏編號。
2. 開光保證：燒製完成後經由大師親自開光。
3. 使用保證：提供完整售後服務，教你如何正確使用。

開運招財青花蟠龍瓶

(大)特價36800元 (中)特價18800元 (小)特價10800元

龍為中國四靈之首，自古便是祥瑞與尊貴的象徵。龍在風水上的運用也十分廣泛，從旺氣開運、制凶化煞、招財納福都有十分顯著的功效。

開運招財青花蟠龍瓶乃委託知名陶藝家親製，依吉祥尺寸全手工拉胚繪製，瓶頸以純金999陰陽彩繪，瓶身及瓶底再經陳冠宇大師用印加持，絕對是大家目光的焦點！開運招財青花蟠龍瓶不止是一件風水寶物，更是藝術的結晶，極具增值空間，市價動輒數十萬，堪稱極品中的極品！

註：開運招財青花蟠龍瓶為限量精品，需事先訂製，如需等待，敬請見諒。

開運招財青花蟠龍瓶的三大神效

招財納福：

以龍來招財，又以「青龍」效果最佳，財屬水、青龍屬木，取水生木便可輕易達到招財、聚財的效果。

氣轉乾坤：

陽宅若氣場不順，將開運招財青花蟠龍瓶置於店面、辦公室或居家玄關的入口，可以加速氣場的流動，將氣往宅內引導，讓室內空間充滿旺盛氣場。

生旺化煞：

龍為至剛至陽之聖物，以開運招財青花蟠龍瓶當居家擺飾可讓家中昇起一片祥瑞之氣，另外對於宅內外的陰煞之氣也具有極佳的鎮煞效果。

使用禁忌：

由於龍過於威猛，不宜置於房間內或正對房間；宅主生肖屬狗者亦不宜使用。

- 開運招財青花蟠龍瓶（大）
  規格尺寸：瓶高65公分×圓周120公分
- 開運招財青花蟠龍瓶（中）
  規格尺寸：瓶高40公分×圓周84公分
- 開運招財青花蟠龍瓶（小）
  規格尺寸：瓶高25.5公分×圓周61公分
- 特別附贈：
  以上產品皆附贈精緻典藏盒、招財符、高級紅木底座

開運圓滿如意轉氣瓶

特價13800元

■規格尺寸：瓶身圓徑30公分×高26公分×瓶口內徑8公分

所謂「山管人丁水管財」，「水」是能夠匯聚氣場的有形環境因素，風水學中一直秉持著這個原理為人招財聚氣，而「開運圓滿如意轉氣瓶」便是依此原理所產生的風水聖品。「開運圓滿如意轉氣瓶」由日本進口的高溫瓷土燒製而成，轉氣瓶有「金口」與「九蝠」，象徵「九福臨瓶、招金納銀」；上段是八吉祥圖，代表「八大吉祥、平安如意」；下段有象徵福氣的「蝙蝠」、象徵財富的「古錢」、以及象徵長壽富貴的「壽桃」，三者集於一瓶，表示「福祿壽三星齊聚」，再經由風水大師陳冠宇親自開光加持，效果更強！開運圓滿如意轉氣瓶無疑的是風水用品中的頂級的聖品。

開運圓滿如意轉氣瓶用途說明

聚氣招財：
置於陽宅中的財位，可產生聚氣、旺氣、招財致富的效果。

夫妻圓滿：
內放金錢劍一把，擺設在臥房之內，可以斬斷任何桃花糾葛、使夫妻感情更加恩愛、圓滿如意。

氣轉乾坤：
陽宅若氣場不順，可將開運圓滿如意轉氣瓶放置在店面、辦公室、或居家的玄關入口，可加速氣場的流動，亦可將氣往內引導，讓陽宅匯聚旺氣。

現在購買特別加贈
斬桃花用金錢劍一
把！趕快搶購！

（瓶內放金錢劍可斬桃花糾葛）

招財納寶、氣轉乾坤、吉祥入門

八吉祥如意寶甕

特價18800元

寶甕是集所有祥瑞於一身的開運聖品，甕口用大片純金陰陽彩繪，能招財納寶、氣派非凡，甕身除了繪有蓮花能連發富貴、五帝錢能旺五路財源、蝙蝠能納福迎祥，最重要的是八吉祥圖騰，法螺象徵聲名遠播，法輪象徵精進不停歇，寶傘代表遮蔽魔障，白蓋象徵降伏煩惱，蓮花象徵清淨離苦，寶瓶象徵聚寶無漏，金魚象徵無拘無束，盤長代表人緣廣結，讓你一次滿足人生的八大願望！。

寶甕一物三用，可置於財位當成聚財甕，可擺在玄關當轉氣瓶，放置在任何角落更是一件賞心悅目的藝術精品，當陽宅氣場經寶甕轉氣入宅，便可將財運和八大吉祥通通帶進家門！

■規格尺寸：瓶身圓徑33公分×瓶高31公分

■特別附贈招財套組：五色開運水晶、五帝錢、五路財神招財符、開運紅包袋，置於甕中可增強寶甕招財能量。

用途一：
招財聚寶甕
用途二：
玄關轉氣瓶
用途三：
納福又吉祥

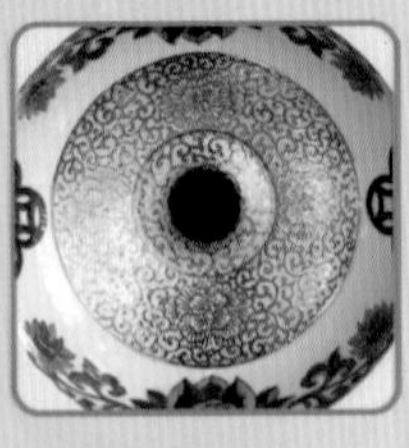

甕口大片純金陰陽彩繪更添尊貴

運勢逢低潮？工作不順遂？學業陷困境？讓節節高升助你一臂之力！

節節高升開運竹

特價3680元

竹子自古便是中國人最喜愛的開運植物之一，因為竹子具有多節且不斷向上增長的特性，象徵「節節高升」的吉祥意義。節節高升開運竹是以翠綠之冰裂釉燒製而成，脫俗典雅、氣派大方，不僅保有竹節造型，本身更是一件精美的藝術品；瓶身、平底再輔以八卦、平安符與陳冠宇大師用印加持，以達到最佳的開運效果。如果您的人生正處在低潮，運勢不開、事業毫無突破、學業工作停滯不前，節節高升開運竹可以助您開通運勢，創造人生新契機；此外當成居家擺飾，也能達到鎮宅保平安、開運造運的神奇效果，絕對是家家戶戶必備的開運聖品！

節節高升開運竹擺設與使用方法說明

可擺設在客廳、書房、玄關、辦公室、店面等明顯的地方，求事業財富者可在瓶中插九支萬年青，求功名學業者可內置四隻文昌筆。

■規格尺寸：高40公分、瓶口圓徑9公分、瓶底圓徑13公分

■附高級紅木雕花底座　■收藏錦盒

居家開運、美化裝飾兩相宜！

八卦開運瓶

特價2680元

■規格尺寸：瓶身24公分　、圓徑15公分

■附贈精美典藏錦盒　■紅木底座

「梅瓶」是發明於宋代的一種特殊瓶式，歷經元、明兩代的不斷改良精進，已成為中國瓷器的代表形式之一。梅瓶的特色是瓶口小、肩豐胸闊、瓶身修長、曲線優美，宛如古典美人一般，因為瓶口小，只能插下一兩隻梅枝，故稱為梅瓶。

八卦開運瓶是以中國最著名的鈞窯梅瓶為藍本，再漆上朱紅色特殊釉料，經窯變之後，每隻梅瓶都會呈現出獨一無二的特殊紋路，瓶身有金色八卦加持，讓八卦開運梅瓶更具收藏價值，它不止是一件藝術精品，也是陽宅風水開運的寶物，擺設在陽宅的任何角落，皆可產生轉氣開運、鎮宅保平安之效，絕對值得擁有！

八卦開運瓶擺設與使用方法說明

要轉化陽宅氣場，可將八卦開運瓶置於玄關或陽宅入口處，八卦朝屋外，置於臥房內避免將八卦對到床；求因緣者可於瓶中插梅枝或玫瑰三枝；求財者可插銀柳或開運竹三枝。

陳冠宇大師強力推薦！
創造五鬼偏財最佳風水寶物！

招財進寶甕

特價6800元

招財進寶甕是根據大師的五鬼招偏財秘法設計而成，瓶身廣闊能容四方財寶，瓶口內縮使財氣有進無出，加上純金彩繪能招金納銀，配合大師每年所發表的五鬼招偏財秘法使用，招財效果一極棒！股票族、樂透族的朋友千萬不要錯過！

■規格尺寸：高16.5公分、直徑16公分

■精緻典藏錦盒　■七寶公分

註：純手工拉胚彩繪，限量訂製，如須等待敬請見諒。

招財如意盤（組）

特價1980元　　三合一精裝典藏版特價10800元

適合居家擺設的風水開運物往往無法同時兼顧美觀與功效，然而招財如意盤就是結合了開運畫的無相能量與磁器的精美質感所產生的風水極品，不論當作居家擺設、店面裝飾，都能幫您改變磁場，達到開運聚財的最佳效果。

- ■三合一精裝典藏版尺寸：如意盤×3、立體高級木框（高45.3公分×寬127公分）
- ■招財進寶如意盤尺寸：圓徑26公分、高級木質腳架
- ■和合二聖如意盤尺寸：圓徑26公分、高級木質腳架
- ■官上加官如意盤尺寸：圓徑26公分、高級木質腳架

招財進寶如意盤

官上加官如意盤

和合二聖如意盤

五行招財盤　年年銷售第一的招財寶物！

特價2580元

古錢經千萬人的使用，具有旺氣的效果。五帝錢是指五位當旺的皇朝所鑄的錢幣，以五帝錢招財，可達到借氣補氣，旺財興運的效果。五行招財盤是最簡易有效的招財用品之一，精緻美觀，聚財效果又佳，堪稱是迷你聚寶盆！

五行招財盤　使用方法說明

將五行招財盤安置在貴宅財位上，五枚五帝錢擺在招財盤的四個角落和正中間，四枚硬幣必須分別落在東南西北四個方位上，代表東南西北中五路進財的意思。招財盤配合流年五行使用，可創造出最佳的招財磁場！

集五種色系的招財盤（擺法順位如右圖）擺成開運五行梅花陣，可發揮出意想不到的強大磁場，徹底改善你的命運、扭轉乾坤。

五行梅花陣

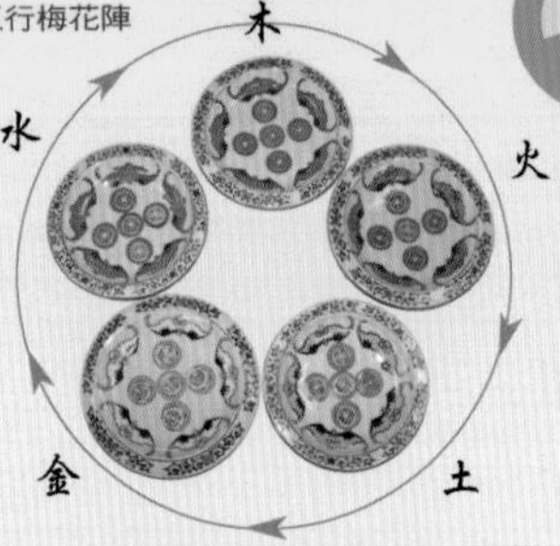

- ■五行招財盤尺寸：圓徑19公分
- ■精緻典藏盒　■高級紅木底座　■招財符　■五帝錢×5枚

黃色（五行土）招財盤　藍色（五行水）招財盤　白色（五行金）招財盤　綠色（五行木）招財盤　紅色（五行火）招財盤

四季開運寶瓶

妙用無窮！陽宅開運造福最佳良伴！

特價1680元

「寶瓶」是藏傳佛教中用於改善環境以幫助修持者的特有法物，過去多用於王宮及寺廟，作為調整風水，改變氣場，祈福增吉祥之物，但製作過程繁複，一般人難以取得。

四季開運寶瓶是專為一般大眾設計，結合密宗理論與中國磁場能量原理，可搭配不同的內容物而產生各種奇異的神效！加上造型精緻、美觀不佔空間，如果您的環境不適合擺設大型開運物，四季開運寶瓶絕對是您最佳的開運選擇！

■尺寸規格：高10公分×瓶寬9公分

■特別附贈：高級木座、高級收藏錦盒

■五路財神符（開光用）、正偏財符（加持用）

■四季開運寶瓶使說明

「四季開運寶瓶」的六種基本運用

1. 招財寶瓶：招財納福、四季發財
2. 旺福寶瓶：增強磁場、強化運勢
3. 姻緣寶瓶：覓得良緣、招好桃花
4. 升官寶瓶：升官發財、事業順利
5. 求子寶瓶：生兒育女、求添子嗣
6. 福壽寶瓶：增福添壽、身體健康

新開運招財貔貅王

特價9900元（大）、8800元（中）、3680元（小）

集旺財、守財、鎮宅、擋煞、避邪於一身的貔貅，神奇之功效廣受推崇。新開運招財貔貅王為貔貅飾品中之經典，以岫玉全手工精雕細琢，仿古的造型與質感堪稱精品中的精品，配合五帝錢與招財符一同使用效力更強！不論是居家、店面、辦公場所，既是精緻的藝術品亦是招財鎮宅的開運物，絕對值得您珍藏擁有！

新開運招財貔貅王的運用與擺設方法

用貔貅招財，可以將貔貅公母一對擺在陽宅的吉方位，如財位或旺位皆可，開店營商的店家可以將貔貅擺在收銀台或收銀機上面，家中有金庫或保險箱的朋友也可以在裡面擺一對貔貅，它能幫你緊緊的看守住收進來的錢財，日積月累自然能因錢財累積而致富。鎮宅用的貔貅擺設時只要將貔貅朝外或朝向煞方即可，若是招財用的貔貅，特別是擺在收銀台上貔貅，白天的時候要將貔貅的頭朝外，表示命貔貅出外咬錢，晚上則要將貔貅的頭轉向屋內，表示咬錢入財庫，雖然麻煩一點，但是多動動手，財運就會旺旺來。

■規格尺寸：（大）高15公分×長20公分
（中）高14公分×長19公分
（小）高10公分×長16公分

■五帝錢×2

■大師秘藏正財符、偏財符

■精緻典藏錦盒

開運避煞水晶球

陽宅避煞簡單有效的風水法寶！

特價900元

■尺寸規格：40mm ＋ 特殊切割面

現代都市建築在設計的時候缺乏整規劃，經常會出現沖煞的情形，最常見的沖煞如：壁刀煞、鷹頭煞、廟宇龍尾煞、以及正對家門的柱子、電線桿、行道樹等等，當陽宅外部出現沖煞的時候，就會讓居住者產生許多無名的災禍，例如破財、病痛、血光、犯小人等等，十分不平安，這時候就可以用水晶球來幫您擋災。開運避煞水晶球經過精心設計，具有特殊的切割面，當外部有任何沖射光體進入陽宅的時候，開運避煞水晶球能將從任何角度來的沖射完全反折，化解掉外來的煞氣，常保居家平安、事事如意。

開運避煞水晶球使用方法：

將開運避煞水晶球懸掛於陽台、窗台或大門前，以紅絲線吊掛，高度以超過身高十五公分以上為佳，若沖煞嚴重，建議懸掛三個水晶球排成三角形以增加反射能量。若陽宅無處懸掛，亦可用底座置放在窗台或桌台上，但最好以能對到沖射物體為佳。

麒麟送子圖

特價1980元

您有不孕或生育上困擾嗎？俗話說：「天上有麟兒，人間狀元郎」，麒麟送子圖是以童子乘麒麟由天而降，頸上戴著長命鎖，一手持蓮花、一手持如意，用來祈求連生貴子，自推出以來，已造福無數求子無門的有緣人，若能再配合夫妻之貴人日懸掛，應驗度其高無比。

■規格：41×60.8公分

三星高照圖

特價1980元

所謂三星是指福、祿、壽三星，此圖流傳百年一直受人喜愛，因為畫中有象徵長壽的南極仙翁、象徵福氣的蝙蝠及代表財祿的仙鹿，三者齊聚，適合當成居家開運擺飾，更適合獻給長者當賀禮，為他添福添壽添財運。

■規格：41×60.8公分

四季發財圖

特價1980元

此圖以四季花卉來代表一年春夏秋冬，都能花開富貴，圖中的金銀財寶象徵財源滾滾、四季進財的意思，若個人財運或事業運起伏不定、財祿總是時好時壞無法如心所願，此圖可以幫助你財運平順、四季興旺、日日進寶。

■規格：41×60.8公分

平安如意圖

特價1980元

此圖以四季花卉來代表一年春夏秋冬，都能花開富貴，寶瓶取其諧音「平」，代表平安，加上玉如意表示一年三百六十五天，都能日日平安、萬事如意。若有運勢不順、災禍不斷，或是疾厄、官訟纏身、小人五鬼暗害者，都能用此圖助您趨吉避凶、轉或為福、平安順遂。

■規格：41×60.8公分

狀元及第圖

特價1980元

■規格：26×39.3公分

■特別附贈：文昌筆四支（以硃砂開光）、天然水晶球

此圖是以身穿官袍、手持如意的童子乘龍翱翔於天際的模樣為主體，童子身穿官袍象徵出任高官，再取魚躍龍門而化為龍的衍伸意義，故稱為狀元及第。

圖上另懸掛四支文昌筆，以祈求四巽文昌梓潼帝君加持，再以水晶球凝聚智慧能量，可讓家中唸書的子弟心思敏捷、思緒清明，將狀元及第圖懸掛於陽宅的文昌位上，能讓小孩的學習事半功倍、考場上無往不利。

代表三元及第、狀元及第、祈求四巽文昌梓潼帝君加持、五路開智慧。狀元及第圖可以幫助所有考生加強自信之潛能，讓你考運亨通！

最新版開運吉祥畫系列

訂購專線：（02）2947-9208　·0918362268

招財進寶圖

特價1980元

這幅招財進寶圖相信不用多做介紹，自推出以來廣大讀者的熱烈迴響，因為招財效果太過靈驗，讓這幅吉祥畫頓時成為最熱門的招財開運寶物。畫中最上面是大師獨門祕藏的招財符籙，中間是聚寶盆，下面則是代表連發財富的蓮花，三樣寶物齊聚，先是用靈符招財，再用聚寶盆來凝聚財富，最後再用蓮花來催旺所聚來的財富，想不發都難！

■規格：41×60.8公分

和合二聖圖

特價1980元

近年來和合二聖圖已成為幫助感情和合的最佳聖品，事實上，早在數百年前人們就已廣為使用，功效由此可見！以夫妻貴人日將此圖懸掛於房中，便可讓夫妻感情更加恩愛、夫唱婦隨、白頭偕老、永浴愛河，若是感情出現問題或碰到外遇爛桃花，亦可用此圖來化解，靈驗度極高！

■規格：41×60.8公分

官上加官圖

特價1980元

在競爭激烈的環境中，您有原地踏步、停滯不前的情形嗎？工作遇瓶頸、胸懷大志卻有志難伸，用官上加官圖可以讓您在職場上平步青雲、官運亨通，事業如旭日東昇、一鳴驚人，任何工作上的障礙都能一掃而空，讓您受貴人提拔，並且一展所長。

■規格：41×60.8公分

八吉祥圖

特價1980元

赫赫有名的八吉祥圖，是以八種象徵祥瑞的佛事法物所組成，包括法螺、寶傘、法輪、白蓋、寶瓶、金魚、蓮花、盤長等，具有強烈的無相開運能量，可以常保居家平安、家運興隆、事事順利，學佛者掛之亦有助開悟見性、透徹佛法。

■規格：41×60.8公分

官居一品圖

特價1980元

官居一品圖是以蟈蟈兒和菊花所組成，蟈蟈兒的發音與「官兒」相近，乃是祈求升官發財之意，太陽代表事業如旭日東昇、前途光明，最適合當成居家或辦公室裝飾，它能讓你在工作或事業上無往不利、步步高升、位居一品，它絕對是幫您升官發財的最佳利器。

■規格：41×60.8公分

連錢圖

特價1980元

錢是財富最直接的象徵，九枚古錢相連貫串，代表財運亨通、長久不竭，蓮花代表連發財富、繁榮興旺，連錢圖是用來求財最佳的吉祥畫之一，特別是開店做生意的朋友，掛連錢圖能夠改善財務狀況，讓你的生意不斷，把錢財一個接著一個通通拉進來。

■規格：41×60.8公分

開運招財綠水晶 & 開運招財黃水晶

特價1380元

水晶的量能磁場在眾多寶石中是最強的，而綠水晶和黃水晶又是在所有水晶當中，旺財磁場最強的兩種水晶，開運招財黃水晶與開運招財綠水晶可說是開運水晶的兩大天王，綠水晶以招正財的磁場為最強，黃水晶招偏財的磁場則是眾水晶之冠，二者可依個人情況交替配戴，為自己創造最佳的財運，如果再配合適當的雕飾造型與加持，將會有不可思議的強烈功效！

適合配戴開運招財黃水晶的時機

黃水晶是所有水晶當中招財磁場最強的水晶，有很好的聚財能力，黃水晶象徵「財富」，主偏財，可凝聚財富、招偏財，較適合偏財運不佳、投機失利、洩財、求財無門、彩券屢試不中、或者從事投資理財的商場人士配戴。

適合配戴開運招財綠水晶的時機

想要招正財，可選擇象徵「財庫」的綠水晶，綠水晶的功能是招財、生正財，它可以幫助你凝聚事業光，創造事業財富，使你的財富更容易入庫，較適合一般上班族，或者是遭逢失業、降職、工作運、事業運不佳、正財不彰、貴人不明時配戴。

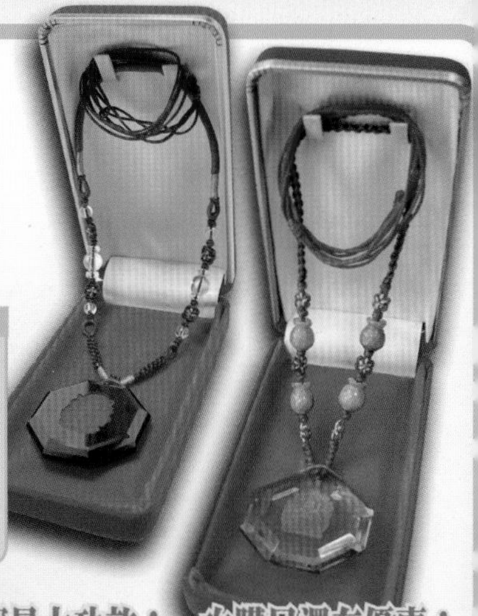

讚 非戴不可的七大理由

黃綠水晶搭配使用可發揮最大功效！一次購足還有優惠！

1. 採用上等黃晶、綠晶，精雕細琢而成，再經風水大師陳冠宇加持淨化，恭請守護神本尊加臨，只要戴上開運招財水晶，您便有如神明隨侍在側，藉由守護神強大的靈氣，以及水晶強烈的旺財磁場，讓您的人生光明無限。
2. 運用天地靈氣、陰陽磁場、以及每個人的生肖相生相剋的原理，來達到增強磁場、消災解厄的功效。
3. 太歲年最佳的護身寶物，不管正沖、偏沖，開運招財黃、綠水晶都能讓您逢凶化吉。
4. 孝敬長輩的最佳禮物，消災解厄、護身保平安，開運招財水晶讓您福壽綿綿。
5. 您平日最貼身的幸運符，佛光護體、增強磁場，讓您事事如意、歲歲平安。
6. 犒賞員工的最佳贈品，招財旺氣、紓解財困，讓您的事業蒸蒸日上。
7. 送給子女的傳家之寶，增長智慧、納福納祥，陪伴他一同成長！

黃綠水晶一次購足
特惠價只要2380元

千手觀音開運招財綠水晶 適合生肖屬鼠者配戴	虛空藏菩薩開運招財綠水晶 適合生肖屬牛、虎者配戴	文殊菩薩開運招財綠水晶 適合生肖屬兔者配戴	普賢菩薩開運招財綠水晶 適合生肖屬龍、蛇者配戴
大勢至菩薩開運招財綠水晶 適合生肖屬馬者配戴	大日如來開運招財綠水晶 適合生肖屬羊、猴者配戴	不動尊菩薩開運招財綠水晶 適合生肖屬雞者配戴	阿彌陀佛開運招財綠水晶 適合生肖屬狗、豬者配戴

大師加持淨化、無上靈感、太歲保平安，消災解厄、增強磁場、招財旺氣

上新架品

招財鈴
辟邪保平安
招五路財
防小人

桃花鈴
防感情小人(小三)
招桃花良緣
招桃花財

瑞音吉祥如意鈴

每串特價1280元

銅鈴自古便是一種警示的道具，在風水學上被當為一種辟邪工具，瑞音吉祥如意鈴以一串代表三十六天罡，二串代表七十二地煞、三串代表一百零八道天羅地網的防護之意，懸掛在家中特定方位不但可防陰靈鬼祟侵擾、常保居家平安，更能防五鬼小人逢身，達到防小人的目的。同時銅鈴發出的金聲也具有招旺財氣的效果，讓你一次達到辟邪、防小人、招財三大目的！

■尺寸規格：銅鈴三十六顆、長49公分、小金符
■五色線流蘇（招財鈴）、紫色線流蘇（桃花鈴）

兩種瑞音吉祥如意鈴的懸掛方法說明

1. 防小人保平安：可懸掛於前後門或以三串如意鈴掛於房子的三角能量點。
2. 招財招福：可懸掛於陽宅的財位、主要門路或採光面或房子的三角能量點。
3. 招桃花求姻緣：可懸掛於臥房的桃花位或臥房的三角能量點。

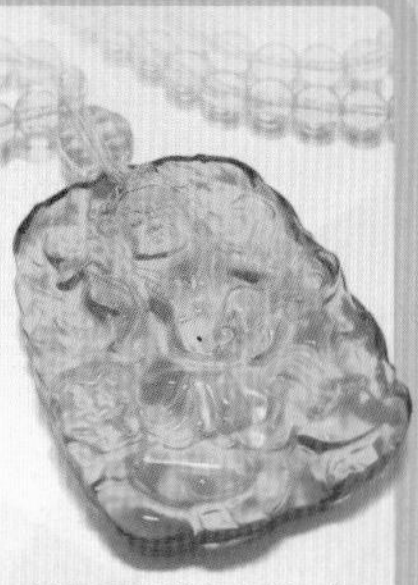

財寶天王

特價2380元

財寶天王是藏傳佛教最著名的財神，為四大天王之一，又名多聞天王，掌管八路財神。

「財寶天王」選用招財磁場最強的黃水晶材質，加上大師開光之天王莊嚴寶像，戴上「財寶天王」就如天王護身加持，能發揮極佳的招財效果！可保事業興旺、財源滾滾，一生富貴享用不盡，有心求財者千萬不能錯過！

加強「財寶天王」招財神效之法門

1. 諸惡莫做、諸善奉行、多佈施。
2. 每日持財寶天王心咒108遍。

「嗡 貝也夏瓦納耶 梭哈」

■規格：黃水晶財寶天王

■黃水晶串珠108顆

琥珀聚寶袋

特價2380元（±10克）、2680元（±11克）

琥珀為佛教七寶之一，可安魂定魄、調和氣血、舒緩筋骨，琥珀特有的磁場更可以避邪除障，金黃色的琥珀聚寶袋項鍊符合佛教密宗修持可得財利的象徵，不但有助護身修持保平安，還能兼具聚財及招福納祥的功效，真是一舉兩得的開運法寶！

■規格：天然琥珀聚寶袋

琥珀避邪，寶袋聚財！

財福兼納，一物兩用！

註：琥珀聚寶袋墜飾為手工雕製，每只形狀略有出入。

人氣最夯的貔貅開運飾品！

黃水晶貔貅項鍊＆手鍊

每串特價1680元

貔貅是中國古代的一種瑞獸，在風水上經常被當成驅邪、擋煞、鎮宅之用，威力之強是有目共睹的。貔貅喜愛金銀財寶的氣味，故常咬財寶回來討主人歡心，因而除了上述功能以外，其招財、旺財的功能更是為人津津樂道。黃水晶的旺財磁場是所有水晶當中最佳的，再配合貔貅的雕飾造型與大師的加持，將產生不可思議的強大功效！黃水晶招財貔貅可以幫您辟邪擋煞、招正偏財氣、增強旺財磁場，是您隨身開運的最佳聖品！

黃水晶貔貅手鍊可以幫配戴者避邪、擋煞、趨吉避凶，同時也是不可多得的招財、求財寶物，加上黃水晶超強的招財磁場，可以讓您錢財過手、有進無出不漏財，幫您守住財富、守住平安，加上特殊切割面的黃水晶串珠，黃水晶貔貅手鍊就像一件精緻的開運飾品。

■規格尺寸：黃水晶貔貅項鍊

■黃水晶串珠88顆

■規格尺寸：黃水晶貔貅手鍊

■特殊切割面黃水晶串珠

註：公貔貅（男用），母貔貅（女用）

購買時請先註明。

量身訂製、吉時開刻，啟動您的招財密碼！

黃水晶開運印章

特價3980元　方圓對章合購特價7680元

陳冠宇大師依照個人姓名、八字擇定最佳之吉日良時開刻完成，幫您精心調配印鑑之八卦五行能量，加上招財磁場最強的黃水晶印章，經常使用能開通運勢、增強財氣，當作銀行開戶印鑑可以幫您鎮守財庫，讓財源生生不息。

（有圓形章與方形章兩款，功效相同，視個人喜好選擇）

■規格尺寸：高6cm×寬1.8cm

■精緻蛇紋皮質印盒

■訂購時請註明姓名、性別與八字，完成訂購後約須二星期工作天。

開運五龍圖 特價8800元

開運五龍圖乃中國蘇繡之精品，以金絲線純手工繡製而成，開運五龍圖代表東南西北中五路開運、五路進財，懸掛開運五龍圖，立刻讓您滿室生輝、財源廣進、好運旺旺來！

■規格尺寸： 66公分×66公分 ■高級金漆藝術外框

開運五龍圖中堂 特價12000元

龍自古便是帝王權勢尊貴的象徵，除此之外，龍也是具有鎮宅辟邪、生財催旺、開運造福效果的靈獸，一直以來都是達官貴人的最愛，而五龍圖又是其中之最。開運五龍圖中堂的五色祥龍具有五行相生之奇效，能補缺填漏、相互催旺，讓你五福俱足、人生圓滿、五路進財、事事興旺！送禮最氣派！自用最吉祥！

■規格尺寸： 106公分×67公分 ■高級原木藝術外框

團結和諧力量無窮，再創公司輝煌成就！

■規格尺寸：60.6公分×47公分(含高級雕花紅木畫框)

合作無間祈福開運字畫（本真跡非印刷品）

特價6000元

所謂團結力量大，內部的團結和諧是任何團體穩定成長的原動力，大到跨國企業、小至商店門市，能不能永續經營、財源廣進，關鍵就在於「團結」！合作無間祈福開運字畫能凝聚公司向心力、避免內部亂源發生，讓您的事業一舉攀上高峰！

使用方法：

以毛筆點硃砂在黃紙上畫一圓，代表和諧圓滿，再將所有股東姓名寫於圓圈內，放進紅紙袋中，貼於「合作無間祈福開運字畫」背後即可。

絕對氣派的大師真跡 送禮、自用兩相宜！

本項採限量供應，敬請預購。

如意真跡祈福中堂字畫

特價12800元

人的運勢的旺衰，與充斥在空間中的氣場息息相關，而陽宅的氣場，來自空間內所有環境的擺設與動線規劃，如果能適當的在空間中擺設吉祥物，便能夠輕易達到活絡氣場以及旺氣的效果。由陳冠宇老師以硃砂撰文祈福，並經特別加持，招吉祥、添如意，擇貴人日掛於陽宅旺位或老闆辦公室，招財、祈福、旺旺來。本真跡字畫非印刷品，以紅色緞布及紅木框裱飾，氣派非凡，具收藏增值空間，新居及公司開幕當賀禮，財源廣進，如意又吉祥。

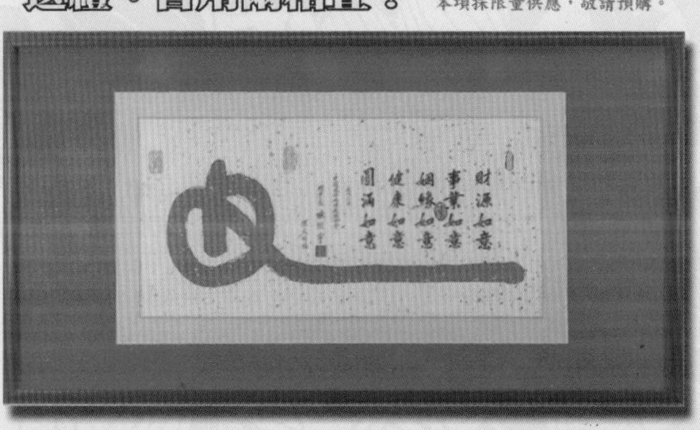

■規格尺寸：87公分×154公分（含高級紅木畫框）

太上老君
鎮宅化煞招財靈符中堂

特價6600元

陳冠宇大師精選太上老君七十二道靈符中之九道，規劃成九宮吉祥靈符中堂，誠敬奉之可讓家宅一切吉慶，福壽增延，子孫榮顯，財源廣進，升官發達，妖魔鬼怪不入侵，鎮宅平安，家運不興或家宅不平安、常有陰靈干擾者最適合懸掛，讓您一次解決家中所有問題。

■規格尺寸：長107公分×寬82公分
■高級藝術木框

招財鎮宅化煞保平安一次滿足！居家必備護宅開運寶物！

功效宛如聚寶盆！招財更勝開運畫！

百財圖 & 百祿圖

每幅特價4800元
二幅合購回饋價只要8600元

中國以「十」代表完全，以「百」代表圓滿無缺，百財圖與百祿圖以百種不同的字體，代表能夠廣納天地八方各種財源、收盡五湖四海所有利祿，不論您從事何種職業，也不論您想招何種財運，它們都能幫助您見財得財、逢祿必進！

百財圖 & 百祿圖 使用方法說明

新居舊宅、公司店面皆適用，請懸掛於進出最頻繁或是室內最顯眼的地方，只要增加與財祿二圖照面的機會，便可旺財於無形。

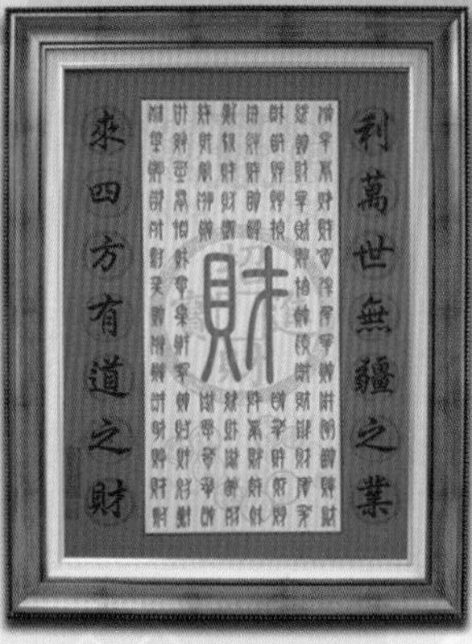

百財圖

■規格尺寸：長88公分×寬68公分
■高級藝術木框

百祿圖

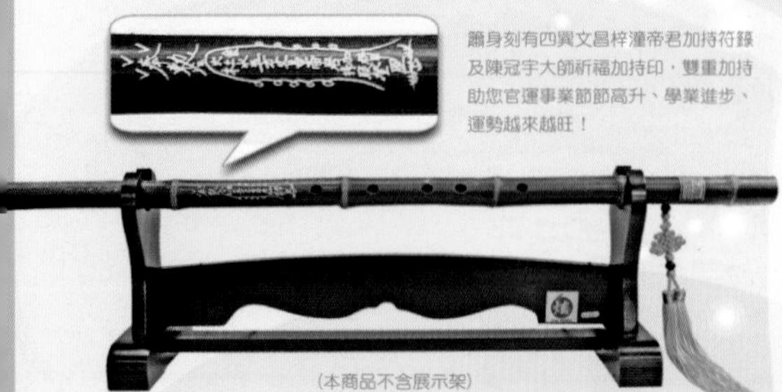

簫身刻有四翼文昌梓潼帝君加持符籙及陳冠宇大師祈福加持印，雙重加持助您官運事業節節高升、學業進步、運勢越來越旺！

(本商品不含展示架)

紫竹高升名簫

特價1280元

簫是一種開運與避煞兼具的風水吉祥物，首先簫的竹節代表節節高升，對於財運、事業、學業、個人運勢都有催旺的功用；其次簫也有「消」的意涵，代表消遭解厄、趨吉避凶，能轉禍為福；另外，簫也代表「銷」，想要讓售屋或售貨更加順利者，可將簫掛於宅屋或店面，有助銷售願望的達成。

■規格尺寸：長60公分

廿八星宿鎮宅盤

特價2980元

廿八星宿分為東方蒼龍、西方白虎、南方朱雀、北方玄武，各由七宿所組成，有別於傳統的鎮煞物採取以剛克剛的方法，廿八星宿鎮煞盤是以東、西、南、北四方各七宿之波率，採用以本制本之原理，以其本身的星宿能量來作制化之磁力反射，這種能量絕對是超越坊間各種鎮煞的寶物，就算宅屋外沒有沖煞亦可使用，只要依各個宅屋的方向於外牆上掛上鎮煞盤，必能達到鎮煞招財或是開運招財之最佳天上星宿能量（四方皆掛可達四方擋煞、四方進財、一切圓滿之效）。

■規格尺寸：長21公分×寬27.5公分
■立掛兩用式高級紅木框

鎮宅擋煞最佳幫手
守護您的居家平安

青龍鎮宅盤(東方)

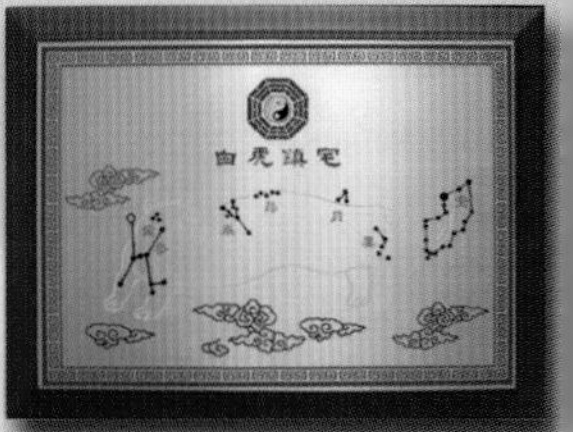

白虎鎮宅盤(西方)

朱雀鎮宅盤(南方)

玄武鎮宅盤(北方)

道教講氣數，氣是宇宙與萬物的本體，混沌之判分，此三十六天罡招財盤及七十二地煞鎮宅盤，乃是漢代名門貴族及官宦世家用來開運避煞的神奇寶物，埋於地基的五方位（即四棟柱與中心點），有鎮宅、制煞、招財、祈福之功效。三十六天罡招財盤與七十二地煞鎮宅盤乃陳冠宇大師尋遍大陸，歷經數年尋根採訪所發現的風水寶物，再經過幾年的研究改良，各項功能比上一代更強！為造福眾生，故特允以公開。

三十六天罡招財盤

特價2980元

懸掛於居家、辦公室、營業場所之旺位，可祈福利市、廣收四方財寶、催財旺財、金玉滿堂。另置於新建地基五方位效果更佳。

七十二地煞鎮宅盤

特價2980元

陽宅外圍有巷沖、路沖時，可將七十二地煞鎮宅盤掛於有沖煞的方位；若居家不平安時則請掛於大門之上，方可制煞化煞、迎福納祥。

■尺寸規格：圓徑22公分
■精緻手工中國結

最方便的招財法寶

最好用的外煞剋星

三十六天罡招財盤

七十二地煞鎮宅盤

黃晶蓮花

特價680元

蓮花不但象徵清靜、純潔、高尚，在傳統吉祥意義中，則是取「蓮花」的諧音「連發」，以黃水晶蓮花象徵「黃金連發」，招財效果一級棒！此外掛飾採法輪造型，代表法輪常轉、身心清靜，也具有趨吉避凶、永保安康之效，是學佛清修者的護身最佳飾品，招財、保平安，一飾兩得！

■尺寸規格：天然黃水晶蓮花墜飾
■手工法輪中國結30公分 ■招財金符

八吉祥如意盤

特價2980元

以佛教卍字印及六字大明咒為中心，再以八吉祥遍佈四面八方，懸掛於室外可以鎮壓各種陰靈煞氣使之無法入侵，常保住家一切平安，懸掛於室內可讓佛光普照一切，具清淨陽宅氣場之效，讓宅內時時充滿祥瑞之氣，一物兩用、內外皆宜！

■尺寸規格：圓徑22公分
■精緻手工中國結

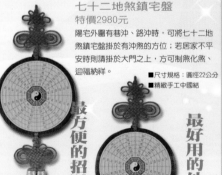

吉祥如意中國結
特價299元

■規格尺寸：長36公分
■精緻手工如意中國結
■招財金符

中國結是我國繩藝與吉祥文化的完美結合，自古便廣泛被運用在服裝、家飾、藝品、掛飾等，它可與不同的吉祥結與吉祥物結合成不同的吉祥飾品，是非常受人歡迎開運吉祥物。吉祥如意中國結是結合了大紅的祥瑞吉慶結、招財進寶綴珠、六字大明咒綴珠及大師獨門財運亨通靈符，用途十分廣泛，它可以掛在陽宅的任何角落，可以幫助您招福納祥、迎財開運，掛於車內亦可常保行車平安、出門一路發。

開運五帝錢
特價299元

■規格尺寸：長38公分
■五帝錢×5枚
■精緻手工中國結
■獨門開運招財金符

五帝錢是指順治、康熙、雍正、乾隆、嘉慶等五代清代最興盛的皇朝所鑄之錢幣，從五行來看，五為土，而土生金，金者財也，想招財利者，可把五帝錢掛在財位或每日出入之門邊即可達聚財之效。而古錢曾經過千萬人之手，讓其沾上千萬人的能量氣場，所以也有一定的化煞作用。

五帝錢可以旺財也可化煞、鎮宅、避邪、防五鬼小人，可說是既方便有好用的開運用品，廣受一般大眾喜好。

平安一路發汽車吊飾
特價399元

馬路如虎口，出門在外，不但要求得平安順利，最好還要能一路連發，平安一路發吊飾最適合懸掛在車內，可以幫您鎮煞化煞、趨吉避凶，保您一路平安、事事順遂、出門見喜、滿載而歸！

■規格尺寸：長32公分
■精緻手工中國結

五福臨門開運掛飾
每串特價399元

■規格尺寸：長47公分
■精緻手工中國結

集中國吉祥象徵於一體，以五蝠代表五福臨門，加上古錢象徵福在眼前，十枚古錢代表十全十美、財運亨通，壽桃則表示福壽綿長，三者齊聚為福祿壽俱全之意，掛飾背後則有陳冠宇大師獨門的吉祥符，三種顏色的中國結各具有不同的意義，作為居家裝飾或車內吊飾，都能讓你福運昌隆、事事順心。

三種五福臨門開運掛飾說明

綠色：代表招財運、補財庫
　　　適合掛於住家、公司、店面
紅色：代表旺事業、防小人
　　　適合掛於公司、店面、書房
黃色：代表求健康、保平安
　　　適合掛於臥室、車內、住家

黑曜石福祿掛飾
特價399元

■規格尺寸：長47公分
■天然黑曜石葫蘆
■精緻手工法輪中國結
■招財金符

黑曜石是一種用途廣泛的寶石，擁有強大的辟邪功能，可讓你趨吉避凶、常保平安，並具有吸收負面能量的強大磁場，幫助你將不好的氣場排出，讓身體健康、活力旺盛。

此掛飾是由黑曜石葫蘆(福祿)與吉祥中國結組成，加上陳冠宇大師獨門的招財金符，可讓你招財納福、避邪保安康，一次搞定！

敬神拜拜必備聖品，陳冠宇大師親自撰文祈福！

開運招財祈福疏文　特價168元

在正統祭祀禮儀中，必須準備一份正式的疏文，疏文是上呈給神明的正式公文，藉以向神明傳達心中所求之願望，是對神明或無相界表達最虔誠禮敬之心的重要工具！正式的疏文格式一般都是法師自用秘藏不傳，陳冠宇大師特別公開，望大家皆能開運發大財！

■五加一超值組合包內容包括：請神祝文（新春、入厝、安神、開市）、禮請五路財神祈禱文、敬奉福德正神文疏、觀音佛祖祈福文疏（消災解厄、招福納祥）、普渡祈福祝文、五路財神招財符

八吉祥琉璃開運掛飾
特價1980元

琉璃早在唐代起便是價值極高的術珍品，更是佛教七寶之一。純手工製作再經過高溫焠鍊之後的琉璃，呈現出晶瑩剔透的光澤，象徵純淨與光明、極樂如意，再搭配八吉祥的開運造型，能夠幫助靈性昇華、讓您心想事成、萬事如意。

■規格：長50公分、琉璃圓徑4.5公分
■精緻收藏盒 ■六字真言金符

清淨琉璃、八大吉祥、開運招財絕佳寶物！

開運梅花錢掛飾
特價499元

正面為「長命守富貴」五字，背面五種吉祥圖騰代表「財福祿壽禧」，古人將梅花錢掛於座椅後背或座位後方牆上，一來有助事業或官運亨通，二來可防小人背後暗害，現代人取其「沒花錢」的諧音，可防止漏財、守財庫，是您居家開運的好幫手！

■規格尺寸：長40公分
■精緻手工中國結 ■招財金符

最超值的人氣開運商品，盡在此中！

開運平安四季發財
特價399元（數量有限，售完為止）

絕對超值的內容，包括最受歡迎的：
◎開運一級棒◎開運福袋◎平安如意金卡◎四季發財金卡◎開運招財紅包袋(只送不賣)等，買到賺到！

開運寶物何其多，但又有幾樣能隨身帶著走？

開運福袋　特價299元

開運福袋上有陳冠宇大師親自設計的開運徽章，加上盤長結與雙葫蘆，象徵福祿雙全、富貴綿長，內含招財功能超強的獨門祕藏招財金符、兼具避邪與招財的古錢、以及集合各種開運能量的天然五色水晶，隨身攜帶，能幫您轉運開運、補財庫、求姻緣、求健康、旺事業、招貴人、求文昌、護身保平安，絕對讓您福氣加倍、處處逢運到！

■規格尺寸：5.5cm×7.5cm
■金符 ■古錢一枚 ■天然五色水晶

開運福袋內容物說明

秘藏招財金符：招正財、求偏財。
白水晶：避邪擋煞、增智慧。
黃水晶：招偏財、改善健康。
綠水晶：招正財、招貴人、旺事業。
粉水晶：求愛情姻緣、增進人際關係。
紫水晶：開運、開智慧、增強磁場。
古錢：招財、避邪。

諸事如意　特價3680元

諸事如意是以一隻母豬帶著六隻小豬加上八錠元寶，坐擁錢堆之上，象徵祈福求財一路發，金山銀山取之不竭用之不盡的吉兆，乃居家開運招財首選！
豬自古被喻為多子多孫多福氣的象徵，「家」字中間就是豬，所以也象徵家庭圓滿之意，另外豬亦為生育力極強的動物，擺設在臥房床頭上有求子之象徵，能幫助有生育煩惱的夫妻心想事成！

■規格：長15公分×寬9公分×高9公分（含底座）
■紅木底座
■高級收藏錦盒
■另附獨家金豬招財秘笈
教您最正確的擺設方法

根據五行原理設計、幫您接通宇宙天星磁場！
機動性最高、變化性最多的隨身開運聖品！

隨身開運五行掛飾

隨身版每串價299元　　居家版特價1280元

五行能量充斥於天地之間，只要能確實掌握五行變化的奧妙，並且完全接收其能量，你就能獲得天地間最強大的開運磁場！隨身開運五行掛飾的特點，在於能夠充分運用五行相生的原理，就像是選用最理想的天線來接收最強的訊號，隨時隨地為你創造出最佳的開運效果！讓你求財得財、求愛得愛、考試順利、心想事成！

居家版

隨身開運五行掛飾的使用方法

配合每日五行使用：
每日有其五行（請參閱大師所著之農民曆），可配戴與當日五行相生之五行的隨身開運五行掛飾，讓你每天都能氣勢如虹、走路有風。

配合生肖五行使用：
每個生肖都有所屬五行，平日可配戴與自己生肖相生之隨身開運五行掛飾，就能達到很好的開運效果。

配合最佳五行使用：
每個人在每一年或每個月令都有自己所屬的最佳開運五行（請參閱大師所著之農民曆），只要能配戴最佳的隨身開運五行掛飾來開運，就能心想事成、無往不利、運勢絕對一路發發發！

生肖與五行掛飾的搭配

1、生肖鼠、豬：宜配戴金形掛飾
2、生肖虎、兔：宜配戴水形掛飾
3、生肖蛇、馬：宜配戴木形掛飾
4、生肖猴、雞：宜配戴土形掛飾
5、生肖龍、狗、牛、羊：宜配戴火行掛飾

■尺寸規格：隨身版長35公分、家用版長47公分
■精緻手工中國結

隨身版與居家版之使用

隨身版可掛於包包、腰際、車內，不便外掛時亦可收於包中或口袋。居家版可掛於家中任何位置，亦可掛於收銀機、保險櫃、辦公桌旁。

新品優惠
現在一次購買整組（五串）只要特價 1380 元

金形開運掛飾　木形開運掛飾　水形開運掛飾　火形開運掛飾　土形開運掛飾

開運招財貔貅掛飾

特價680元

古代傳說貔貅乃擅長鎮宅避煞、招財納福的瑞獸，開運招財貔貅掛飾幫您招正偏財、鎮宅避邪，可懸掛於玄關、大門旁、客廳、辦公室、店面收銀台，既美觀又能招財擋煞！

■尺寸規格：長36公分
■招財金符
■精緻手工法輪中國結
（黃色招偏財、綠色招正財）

五行開運鍊

特價399元

天地宇宙由五行元素所組成，只要讓自身的五行能量相生相旺，無論是健康、財運、事業、感情，都能行運無礙、逢凶化吉、大利大發！五行開運鍊乃大師根據五行生旺的原理所設計，貼身配戴能調整磁場，轉化能量，只要以五行齊全置於胸前，便能達到開運避邪之效用，也可招來未來的好運！強力推薦！

陳冠宇大師親自設計、指定推薦！

祥龍獻瑞

特價2380元

龍為中國四靈之首，其神力為眾神獸之最，龍也是帝王的象徵，更是尊貴的化身，是最受歡迎的吉祥聖物之一。祥龍獻瑞以黃水晶為材質，配戴於胸前不但可趨吉避凶、護身保平安，同時藉由黃水晶的招財磁場與祥龍旺氣效果，讓您轉旺運勢、增添財氣，絕對是您不可錯過的開運隨身聖品！

■規格：黃水晶祥龍獻瑞
■黃水晶串珠108顆

上新架品